だいじを**ギュッ**と！
ケアマネ
実践力シリーズ

サービス担当者
会議

開催のポイントとすすめ方のコツ

永島 徹

中央法規

はじめに

あるサービス担当者会議の出来事

　8月の猛暑の日、とあるお宅でのサービス担当者会議（以下、担当者会議）でした。「はい、本日の会議、お疲れ様でした！　引き続き、どうぞよろしくお願いします」と元気よく担当者会議をしめくくったケアマネジャーは、とても清々しい表情を浮かべていました。要介護4になった花子さんの家族にとって、自分たちを応援してくれる専門職と情報を共有できる機会をもったことで、大きな励みになると確信できたからです。

　81歳になった花子さんは、多発性の脳梗塞が原因で脳血管性認知症を患っていました。円背ぎみですが、歩行は自立していました。ただ、最近では発語がほとんどなく、家族も会話など到底無理だとあきらめていました。そのなかで、必死に介護をしていた主介護者である夫の太郎さん。太郎さん自身も心臓病を患っていますが、とても献身的な介護をしてきました。

　太郎さんは、笑みを浮かべながら時々語ります。「花子とは、取引先の会社で知り合ったんだ。とってもチャーミングで……。一目惚れさぁ」。大恋愛の末、結婚した二人だったのです。その後、子宝に恵まれ2世帯同居の生活をしてきました。地域でもおしどり夫婦として有名で、町内活動の役員を担うなど、人望も厚い二人でした。ただ、高血圧症を患っていた花子さんは70代後半から数回意識消失の発作を繰り返すうちに、判断力などの低下が現れ、日常生活全般に渡って介護が必要となる状態になってしまったのです。

　今回は2回目の要介護認定の更新認定後のサービス確認・調整を行う担

当者会議でした。訳があってなのか、たまたま実施した日が週末であったためか、珍しく若夫婦が同席しました。参加者は、花子さん家族のほかに、ショートステイの相談員、訪問看護師、認知症対応型デイサービスの職員でした。

　ケアマネジャーは花子さんの隣に座り、主介護者の太郎さんから最近の花子さんの在宅生活の様子を語ってもらい、花子さんの状況の確認と太郎さんの言葉から伝わってくる花子さんへの思いを確認しました。その後、各サービス関係者からもサービス利用状況の報告があり、花子さんへのサービスが円滑に実施されているか。家族の意向が反映されているかなどを確認し、修正案などを交えながら、滞りなく進んでいきました。

　ただ、花子さんだけは言葉がなくうつろな表情で、終始立ったり座ったりを繰り返していました。その様子をみていた長男は「いつもああやって、家の中をウロウロしては、何かと散らかしていますよ。どうしようもないですけどね。ハァ～（溜め息）」と力なく話します。

　そして、会議も終盤になりケアマネジャーがまとめに入ろうとしたとき、「お疲れ様でした」と長男の妻が麦茶と水菓子をもってきてくれました。妻はお客様である専門職たちに先に配膳しました。花子さんの隣にいたケアマネジャーの前に冷たそうな麦茶とみずみずしい水菓子が置かれたときです。花子さんは手を伸ばしてその麦茶を飲もうとしました。すかさず長男の妻が語気を強め「ばあちゃんダメでしょう！　すぐ持ってくるから……。まったくしょうがないねぇ」「どうもすみませんねぇ」とケアマネジャーに謝っていました。

　その様子を見ていた夫の表情はやや曇っています。ケアマネジャーは「いえいえ、大丈夫ですよ。気になさらないでください。ねぇ花子さん、どうぞ」と、そっと麦茶の入ったコップを手に乗せ、優しく促したのです。花子さんは、躊躇することなくごくごくと飲み干しました。ケアマネジャーが「美味しいですか、花子さん？」と問いかけると、満面の笑みで「うまいねぇ〜」と返答し、太郎さんに向かって「おめぇも飲んでみなぁ」と語りかけたのです。太郎さんもニンマリ。その様子を見た若夫婦は「えっ！？　ばあちゃん、まだしゃべれるのかぁ！」と驚きの表情に変わったのです。

　後からわかったことですが、若夫婦が同席したのには理由があったのです。心臓病を患っている父親の身体を考えて、母親をできるだけ早く施設入所に切り替えようと考えていたのでした。ただ、太郎さんはまだ花子さんと自宅で一緒に生活していきたいと、家族間で意見の相違があったのです。しかし、この担当者会議を契機として若夫婦の花子さんへの思いは「あきらめ」から「可能性のある母親」に変化し、かかわり方も変化していったのです。

ケアマネジャーとは

　ケアマネジャーは花子さんの可能性や持っている力を理解して、周囲との関係調整をしていく大切な役割があります。そう考えると、担当者会議は介護保険サービスなどを活用するためのたんなる事務的な場ではなく、主役である本人と寄りそう家族の交錯し、ゆらぐ思いを丁寧に聴きとりな

がら、今後の生活をどのように応援していくと良いか、その方向性を検討・確認していく場なのです。

　ここで忘れてはならないのは、本人がもつ可能性や生きる力です。この点を忘れず、今できる僅かなことを共有していくことで、エンパワメントを促していくことにもなるのです。すると、本人が持つ「可能性」という力が、かかわっていく家族や専門職、ご近所さんなど、多くの人に伝わり、大きな支え合いの力になります。つまり、支え合い（愛）が私たちの生活を安心・安全なものにしてくれるのです。このような取り組みの基盤づくりも、担当者会議の役割です。

　本書は、担当者会議の準備から実施、その後という流れを踏まえて、その時々に必要なヒントを紹介していきます。さぁ、ケアマネジャーである私たちは、常に「やってよかったぁ！」という担当者会議を目指していけるように、本書を通じて一緒に学んでいきましょう。

2017.12　永島徹

CONTENTS

第 3 章

サービス担当者会議当日の流れ

第 4 章

サービス担当者会議の実施後

第 5 章

逐語録でみるサービス担当者会議のポイント

資料

サービス担当者会議にかかわる法令・通知等

著者紹介

タスにゃん
人を助（タス）けることに喜びを感じ
ネコ一倍仕事（タスク）に燃えるケアマネ5年目のネコちゃん。
肩にかけているタスキは使命感の象徴。
ツナ缶（マグロ）とレタスが大好物。

サービス担当者会議の意義と目的

1

CONTENTS

01 | サービス担当者会議が必要な理由

POINT
サービス担当者会議は、法令で定められた
ケアマネジャーが開催しなければならない
利用者とサービス提供事業者をつなぐ
重要な会議です。

　皆さんは日頃、どのようなサービス担当者会議（以下、担当者会議）を開催していますか。または、これから開催する担当者会議をどのように行っていきたいと考えていますか。せっかく時間と労力を費やし開催するならば「やって良かった！」と利用者[注1]とサービス提供事業者の双方が感じられる、充実した会議にしたいものです。そのためにも、事前準備や会議当日の進行などを円滑にすすめていく必要があります。

　ところが、多くの新人ケアマネジャーから担当者会議が苦手という声を聞きます。ほかのケアマネジャーたちはどのように準備や会議の進行をしているのだろう？　今、自分が実施している内容でよいか？　さらに今さら人に聞けないと思っている人もいるのではないでしょうか。そこで、本章では、そもそも担当者会議とは何かについて考えてみます。

サービス担当者会議の法的根拠

ケアマネジャーの定義と義務

　担当者会議はなぜ必要なのでしょうか。法的根拠も踏まえて、その目的や意義をしっかり理解しておくことが大切です。まずは介護保険制度におけるケアマネ

注1　利用者…要介護認定を受けた要支援者、要介護者の意。

図表1-1 ケアマネジャーの役割と義務（イメージ）

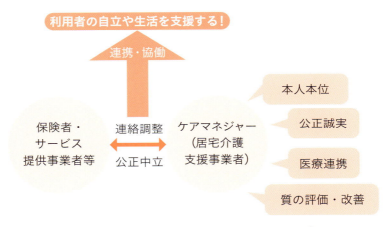

利用者の自立や生活を支援する！

連携・協働

保険者・
サービス
提供事業者等

連絡調整

公正中立

ケアマネジャー
（居宅介護
支援事業者）

本人本位

公正誠実

医療連携

質の評価・改善

出典：後藤佳苗「V サービス担当者会議にかかわる法令」、担当者会議向上委員会『ケアマネジャー
＠ワーク　サービス担当者会議マニュアル—準備から終了後まで』中央法規、2012年、161ペー
ジを改変

ジャーの定義と義務について確認しましょう。

　ケアマネジャーの定義は介護保険法第7条第5項に、義務は同法第69条の34に
示されています。これらを要約すると、ケアマネジャーは利用者等からの相談に
応じ、状況等に合わせて適切に保険者や事業者等との連絡調整等を行う者であり、
利用者の人格を尊重し、その立場に立って、公正かつ誠実に、厚生労働省令で定
める基準に従って、業務を行うこと、と規定されています。このように、利用者
のために「連絡調整」することはケアマネジャーの役割と義務になります。

サービス担当者会議を開く意義

　ケアマネジャーは利用者が介護サービスを利用するためにケアプランを立てま
す。このケアプラン原案の内容について、関係者が一堂に会し、意見を出し合う
会議が「サービス担当者会議」です。会議を行うことで、ケアマネジャー一人に
よって作成されたケアプラン原案は、利用者・家族、そしてサービス提供事業者
等、さまざまな人々と共有され、情報交換や多角的な検討がなされ、より良いも
のになっていきます。また、利用者と事業者が顔合わせをする場にもなります。

このような場（機会）があることで、介護サービス利用者を中心にかかわる家族や専門職などの意思疎通が取りやすくなってきます。そして、これから取り組む目標の共有化につながることで、各々が担っていく役割なども明確になり、円滑なサポート体制を育んでいくことができるのです。

サービス担当者会議を開かないと運営基準減算に……

担当者会議の開催時期やケアマネジャーが守るべき義務については、指定居宅介護支援の事業の人員及び運営に関する基準（平成11年厚生省令第38号）（以下、運営基準という）に規定されており、この点が通常のケアカンファレンスと異なります。

つまり、担当者会議は開催が義務付けられている会議ですから、運営基準を満たさない場合は、運営基準減算になってしまいます[注2]。担当者会議を開かないと運営基準減算になってしまう場合は以下のとおりです。

❶新規の方の居宅サービス計画を作成する場合（運営基準第13条の九）

❷要介護認定を受けている利用者が要介護更新認定を受けた場合（同十五）

❸要介護認定を受けている利用者が要介護状態区分変更の認定を受けた場合（同十五）

このほか、福祉用具貸与をケアプランに位置づける場合、その利用の妥当性を検討し、当該計画に福祉用具貸与が必要な理由を記載するとともに、必要に応じて随時サービス担当者会議を開催する必要があります（運営基準第13条の二十二）。このように、担当者会議の開催はコンプライアンス（法令遵守）という点で考えると、守らなくてはならないルールなのです。

利用者のエンパワメントの視点も忘れずに

一方で、介護保険法ではケアマネジャーは利用者の自立支援に向けた働きかけを行うこともうたわれています。よって、担当者会議がたんに専門職同士の意見

注2 サービス担当者会議を行っていないときには、当該月から当該状態が解消されるに至った月の前月まで減算。

注3 エンパワメント…個人が持つさまざまな力を見いだし、自らが活かしていくこと。

交換の場にならず、「本人本位」であり、「利用者のエンパワメント注3）」という視点で行うことも理解しておく必要があります。それにより、事務的・形式的な会議に終わらず、有意義な会議が行え、利用者や家族にとって効果的なサービス提供の実現につながるのです（詳しくは**02**で解説）。

図表1-2 サービス担当者会議にかかわる法令・通知等

❶法：介護保険法（平成 9 年法律第 123 号）
❷運営基準：指定居宅介護支援等の事業の人員及び運営に関する基準（平成 11 年厚生省令第 38 号）
❸算定基準：指定居宅介護支援に要する費用の額の算定に関する基準（平成 12 年厚生省告示第 20 号）
❹定める基準：厚生労働大臣が定める基準（平成 27 年厚生労働省告示第 95 号）
❺運営基準の解釈通知：指定居宅介護支援等の事業の人員及び運営に関する基準について（平成 11 年老企第 22 号）
❻算定基準の解釈通知：指定居宅サービスに要する費用の額の算定に関する基準（訪問通所サービス、居宅療養管理指導及び福祉用具貸与に係る部分）及び指定居宅介護支援に要する費用の額の算定に関する基準の制定に伴う実施上の留意事項について（平成 12 年老企第 36 号）
❼見直し通知：「介護保険制度に係る書類・事務手続の見直し」に関するご意見への対応について（平成 22 年老介発 0730 第 1 号・老高発 0730 第 1 号・老振発 0730 第 1 号・老老発 0730 第 1 号）
❶・❷は法令、❸・❹は告示、❺〜❼は通知。法令・通知等は資料（143 ページ）に収載。

私たちケアマネジャーが行う業務には、制度や法的根拠があることをおさえておきましょう。
この裏付けがあるからこそ、利用者やその家族の生活支援を行う貴重な役割が担えていることを忘れてはなりません。

＼まとめ／

02 | エンパワメントの視点を活かしたサービス担当者会議

POINT
利用者のエンパワメントという視点で
サービス担当者会議の
意義と目的を理解することが大切です。

　担当者会議は、法的根拠を踏まえたうえで、利用者のエンパワメントという視点で意義と目的を理解しておくことが大切です。法的根拠の理解のみでは、会議が事務的、形式的なものに終わってしまうことも考えられるからです。

　01で述べたとおり、私たちケアマネジャーは、利用者からの相談に応じて生活ニーズを分析し、一つひとつのニーズについて理解を深めていきます。そして、利用者がその心身の状況等に応じた生活が実現できるように、行政やサービス提供事業者等との連絡調整等を行い、利用者が自立した日常生活を営むのに必要な生活支援を担っています。つまり、ケアマネジャーは利用者が望む安心した生活を営むため、介護保険制度の領域に位置づけられた生活支援の専門職なのです。

　そのような生活支援の専門職にとって必要な視点の一つが、エンパワメントです。その視点を持って、利用者の生活支援を適切に実施していくために、ケアマネジャーは担当者会議を開催し、❶利用者の状況等に関する情報をサービス提供事業者と共有するとともに、❷ケアプラン原案の内容について、サービス提供事業者から専門的見地の意見を求め生活支援に活かしていくことが大切です。そして、❸利用者の生活ニーズ等の情報を共有し、利用者を中心に多職種協働で支援していくためのコンセンサスをもつことが担当者会議の目的と言えます。

　ケアマネジャーがエンパワメントの視点を活かして担当者会議を行うと、上記❶～❸の担当者会議の目的は、図表1-3のようなポイントをおさえて実践されることになります。

図表1-3 エンパワメントの視点を活かしたサービス担当者会議

❶利用者の状況等に関する情報をサービス提供事業者と共有

身体機能の低下による表面的な生活の支障だけではなく、その裏側にある思いを理解していきます。そうすることでマイナス的に捉えていた利用者の言動の意味を理解し、前向きな対応をみんなで考えることにつながります。

❷ケアプラン原案の内容について、サービス提供事業者から専門的見地の意見を求め生活支援に活かす

専門的視点からのアドバイスにより、より有効な支援につながる方法が明確になります。多角的な視点によるケアプランの検討がなされます。

❸利用者の生活ニーズなどの情報を共有し、利用者を中心に多職種協働で支援していくためのコンセンサスを持つ

担当者会議によって利用者や家族の思いを共有できることを通じて、専門職同士の役割を認識すると共に、顔の見えるなじみの関係がより支援体制力を高めることになります。

利用者のライフヒストリーを大切にしよう

　利用者は現在に至るまで、多くの経験からさまざまな思いが存在します。悲しいこと、つらいこと、悔しかったこと、楽しかったこと、嬉しかったことなどの思いは、利用者自身の生き方に作用しています。その作用は生きていく力になっているのです。この力は、たとえ心身機能の衰えがあったとしても、利用者が自

図表1-4 ライフステージのイメージ

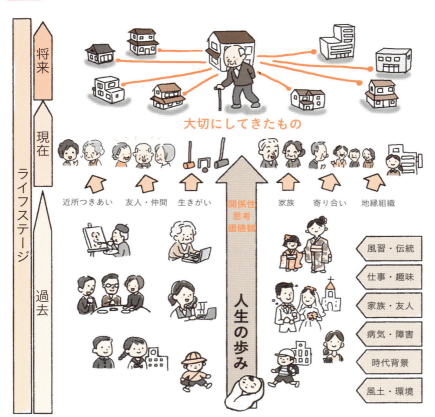

分らしく生活していくための支えなのです。これこそが利用者のエンパワメントともいえるでしょう。

　そこで、私たち専門職は、利用者のエンパワメントを理解していくために、利用者が示す表面的な事象だけで判断していくのではなく、利用者の今に至る生活背景を理解していく視点が必要です。たとえ利用者が認知症などになって、今の状態や状況を適切に伝えられなくなったとしても、これまでの利用者自身の生活背景を家族などの関係者と振り返ることで、言葉にならない思いの理解につながる機会になり、一見するとなかなか理解できなかった言動から、利用者の声なき声のメッセージを読み取ることができることもあります。

1

サービス担当者会議の意義と目的

先輩からのアドバイス

　介護保険制度上、担当者会議を主催する立場にあるケアマネジャー。利用者の支援をすすめていく中心的な役割を担うことになり、その責任の重さを痛感することも少なくないでしょう。認知症や医療依存度が高いケースなどで支援の内容が複雑になってくると、さらに負担感ばかりが増してしまいます。しかし、担当者会議を開催することで、参加者全員で役割を分担することになり、ケアマネジャー自身も気持ち的に楽になれると思います。これも担当者会議の目的と言えるでしょう。

03 | サービス担当者会議は誰のため？

サービス担当者会議を開くタイミングと参加者

担当者会議は原則として、❶初回サービス利用開始時（新規ケアプラン原案検討時）、❷要介護認定の更新申請時、❸状態・状況の変化による要介護認定区分変更申請時に開催が義務づけられています（詳しくは**04**で解説）。

また、開催時期や間隔についての規定はありません。「やむを得ない理由があるときは、開催せず、担当者の照会で意見を求めるだけのこともあります（運営基準第13条の九、十五）。

参加者は、基本的に利用者・家族とすべてのサービス提供事業者が参加し、利用者・家族の意向の確認やサービス提供事業者から専門的意見を求め、ケアプランの修正や最終決定をする場となっています（詳しくは第2章で解説）。

関係者が集合し、顔合わせをすることで共通理解を図り、利用者や家族の不安や疑問を解消したり、その後の連携がスムーズになるなどのメリットがあります。なお、ケアマネジャーや参加した関係者には、個人情報に関する厳しい守秘義務が課せられています。

サービス担当者会議は利用者が主役

さて、担当者会議は誰のための会議なのでしょうか。ケアマネジャーの研修や

図表1-5 サービス担当者会議の参加者の役割

ケアマネジャー
- ●サービス担当者会議の司会、進行管理
- ●アセスメント結果の報告とケアプラン原案の提示

主役

利用者・家族
- ●望む生活（目指す目標）やサービス利用の意向

協議の内容
- ●利用者・家族の意向の確認
- ●目標（長期・短期）の決定
- ●ケアプランの策定
- ●提供サービスの決定

主治医
- ●医学的管理に関する情報提供と意見

地域住民・協力者
※必要に応じて参加

サービス提供事業者
- ●それぞれの専門サービスの実施上の課題と解決方法、今後の方針の確認

さまざまなテキストでは、必ずといってよいほど「利用者のため」「本人本位」と示されています。そもそも介護保険制度によるサービス給付は、「介護保険は加齢に伴って生じる心身の変化による疾病等により介護を要する状態となった者の要介護状態等の軽減または悪化の防止となるように、医療と連携しながら行われなければならない」とされ、保健医療サービスや福祉サービスを、利用者等の状況や環境に応じて、「本人の選択」によって、総合的かつ効率的に提供されるべきだとされています。また、本人の有する能力に応じて自立した日常生活を居宅においておくることができることを目指しています。つまり、自分らしく、自立した生活ができるように、そして利用者自身が自分に合ったサービスを選択することを基本としています。

介護保険制度の基本理念

　この介護保険制度の基本理念は、図表1-6のとおりになります。要介護状態になっても、個人の尊厳を保持したその人らしい自立した日常生活を営むことができることを目指しています。この実現のため、必要な保健・医療サービスおよび福祉サービスが給付される社会保険制度として、国民の保健医療の向上および福祉の増進を図ることが目的となっています。

❶自己決定の尊重

　行政や専門職などは、要介護者等を情報提供やサービス給付で支援するが、利用するか否かの決定は、あくまで本人にあるという考え方。

❷生活の継続

　これまでの生活を継続できるように支援体制を構築することが重要であるという考え方。在宅での生活が最も望ましいが、施設に入所する場合でも可能な限りなじみのある調度品（家具や置物など）を持ち込むことにより、これまでの生活の継続性に留意する必要がある。

❸自立支援（残存能力の活用）

　要介護者等の障害や疾病というマイナス面に着目するのではなく、残存能力の活用を支援し、自立した生活がおくれるようにするという考え方。

「本人本位」の会議にするために

　担当者会議を以下のような機会ととらえていきましょう。

利用者などの思いをできる限り吐露してもらう機会

　信頼関係を築いていく第一歩は、「私のことをわかってくれる人がいる」という安心感を抱いてもらうことです。そのためには、思いを語ってもらい、私たちはそれを聴く機会にしましょう。

本音と建前を聴ける機会

　これまでの生活と今の生活に状態が変化したことへの思いを吐露してもらい、出てきたことが利用者の本音なのか、それとも建前なのか、その内容を整理していく機会にしましょう。

利用者等の人物像を描ける機会

　居宅サービス計画書の確認のみに執着しないようにします。サービスは手段で

す。手段を使いたいという相手の思いがあってこそ、サービスが効果的に活かされるのです。そのためにも利用者の人物像をかかわる人たちが共通理解できる機会にしましょう。利用者が話しやすい話題提供からスタートするのもコツですね。

安心した生活を継続していくための会議

　担当者会議は利用者等のこれまでの暮らし方や考え方を状況や状態に合わせてアレンジし、安心した生活を継続していくために必要な会議です。そして、そのような会議として深めていくためには、「利用者等が意思を表明する機会」になることが大切です。意思を表明してくれることにより、サービス提供事業者はより利用者の本音と建前の理解につながります。「利用者のため」「本人本位」と頭でわかっていても、表面的な話を聞くだけでは、聴けたことにはなりません。ケアマネジャーは利用者やその家族が本音を語れる場の雰囲気を作ったり、言葉をかけたりすることが大切です。かかわる専門職にとっても、「利用者やその家族の意思を聴くことができる機会」になることにより、より相手の意に沿った具体的な支援をしやすくなるというメリットが考えられます。

　居宅サービス計画書だけに注目するのではなく、それを利用する人の思いを理解することで、気持ちの通った関係性（相互理解）を促進するきっかけになり、円滑な支援を実施しやすくなるという効果が期待できます。

先輩からのアドバイス

　誰のための担当者会議なのか？　もちろん本人本位でなければいけないものですが、サービスを提供する側にとっても、自信をもってかかわれるようになるという効果が期待できます。そのようなサービス提供事業者側の効果に積極的に目を向けていくことが、実は本人本位のサービス提供につながっていくのです。

04 サービス担当者会議を開催するタイミングは三つ

POINT
サービス担当者会議の開催が必要なときは、
利用者や家族にとって
「生活に支障が生じているとき」と理解しましょう。

サービス担当者会議を開くのは、いつ？

ケアマネジメントの基本的なプロセスには、インテーク・契約→アセスメント→プランニング→サービス担当者会議→ケアプラン実施→モニタリング→評価・再アセスメントをし、再びプランニングを更新していきます。

このプロセスにおいてケアマネジャーは、利用者やその家族と面談をすることで、生活の状況や支障を整理してより良い支援体制を検討していきます。その後、必要とするサービス提供事業者との調整をし、利用者とのマッチングを試みる大切な機会が、サービス担当者会議なのです。つまり、このサービス担当者会議は、利用者や家族の生活に支障が生じたとき、それを改善するために必要な支援を、誰が、いつ、どのように提供するかを話し合う大切な出会いと意思確認の場なのです。

具体的には、❶初回サービス利用開始時、❷要介護認定の更新申請時、❸状態・状況の変化による要介護認定区分変更申請時に開催されます。

ただし、やむを得ない理由がある場合は、担当者に対する照会等により意見を求めることができるとしています（運営基準第13条の九、十五）。この場合のやむを得ない理由とは、開催の日程調整を行ったが、サービス提供事業者の事由によって、担当者会議への参加が得られなかった場合や、ケアプランの変更であって、利用者の状態に大きな変化がみられないといった軽微な変更の場合を言います。

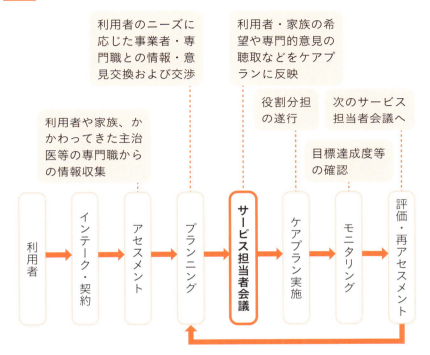

図表1-7 ケアマネジメントの流れと各段階で実施されること

出典：奥田亜由子「Ⅰ　サービス担当者会議の意義・目的・活用」、担当者会議向上委員会『ケアマネジャー@ワーク　サービス担当者会議マニュアルー準備から終了後まで』中央法規、2012年、8ページを一部変更

それぞれのサービス担当者会議の留意点

　利用者の状態によって、目標や支援の方針・計画を共有するための担当者会議の準備やすすめ方の内容は異なってきます。例えば、独居の利用者の場合、医療依存度が高い利用者の場合、認知症の症状による生活支援が必要な利用者の場合など、個々の利用者の状況によって、担当者会議の準備やすすめ方は異なります。

　ここでは、そうした点も踏まえて初回サービス利用開始時、要介護認定の更新申請時、状態・状況の変化による変更申請時の三つの会議を開催するときのポイントについて紹介します。

初回サービス利用開始時

双方の希望と目標を確認する

　初回サービス利用開始時のサービス担当者会議では、利用者の生活課題や家族の希望を確認し、目標とする生活のイメージを多職種で共有します。利用者とサービス提供事業者との初顔合わせでもある大切な機会です。

　利用者と家族は、初めてサービスを利用することへの不安や心配などを強く感じています。デイサービス、ヘルパー、ショートステイなどといった言葉を耳にしたことはあっても、実際に介護保険制度の内容やサービスそのものがどのようなことをしてくれるのかわからないものです。説明する際には、不安が解消されるように、また極力カタカナ用語や専門用語は使わず、利用者や家族にもわかりやすい言葉を使う配慮も大切です。

　一方で、サービス提供事業者も初回は緊張するものです。利用者もサービス提供事業者も安心して開始できるように、具体的にどのような支援を受けたいのか、どのような支援ができるのかを確認し合うことが重要です。

事前にできる限り情報を得ておく

　ケアマネジャーは各サービス提供事業者などの社会資源の特徴と雰囲気を事前にリサーチしておくことが重要です。同種のサービス提供事業所であっても、個々の事業者の雰囲気は異なります。人が提供するサービスには、提供者の経験や技術を踏まえた個性が加わり、醸し出す雰囲気が異なってくるからです。ケアマネジャーはこのようなことも配慮し、利用する側との相性的なことも踏まえ、初回の担当者会議が利用者・家族とサービス提供事業者との関係性を構築する大切な機会であるということを忘れてはいけません。また、事業所の窓口になっている担当者や電話などの連絡がつきやすい時間、方法（FAX、電子メール）などをおさえておくことで、迅速な連携を図りやすくなります。

　利用者に関しては心身状態や家族の状況、現在のニーズについて整理しておくことも重要です。特に医療依存度の高いケースの場合は、あらかじめ利用者の疾病などの情報を主治医から得て、生活支援に必要なこと、留意点や予後予測などを押さえておくことで、より具体的な支援の方法を確認することができるでしょう。

また、利用者や家族などの関係者の特徴なども、サービス提供事業者に伝えられるように可能な範囲で調べておくことも効果的なサービス利用に欠かせないことです。

このように、サービスを利用する側と提供する側のマッチングを調整していくことが、初回のサービス担当者会議に求められてくるのです。けっして、目先のサービス提供に陥ってはいけません。

要介護認定の更新申請時

更新申請時の担当者会議は、初回で立てたケアプランの目標達成の状況を確認する会議になります。そして、要介護状態に変化がなければ、目標とサービス内容の再確認と見直しが中心となります。

前回から特に変化はなく、現在の居宅サービス計画書で問題なしということもあります。そのため担当者に対する照会等によりサービス提供事業者の意見を確認して終えてしまうこともあるかもしれません。しかし、担当者会議を開催する意味はあります。開催することで、目標を再確認し、それぞれの事業所での個別サービス計画に反映されることになるからです。また、改めてこれまでの支援経過を振り返り、情報や状況を共有することで、関係者同士の信頼感が増し、円滑な連携の維持継続がしやすくなります。

とはいえ、次の目標設定に関する介護保険の更新時期だからといっても、利用者や家族の状況が大きく変わらず安定し、急変する様子がみられない場合は、かかわるすべての事業者の参加がなくとも、照会にて対応をしていくという方法を有効に活用することで、お互いの負担を軽減することも悪いことではありません。ただし、その場合は参加しなかった関係者に会議結果の報告書を送り、情報を共有するようにしましょう。

状態・状況の変化による変更時

　状態が悪化、もしくは改善している場合は、現在の状態に合わせた変更・見直しが必要になる重要な更新会議になります。

　状態変化による変更時は、これまでのサービス利用の頻度やケアの内容では、生活支援に過不足が出てしまい、生活に支障が生じているということです。この場合は、状態変化によってすぐに必要な支援や体制などを再考する必要があります。何がどのように変わったのか、病状悪化・新たな疾患・精神面の影響・家族の介護状況の変化など、多様な介護環境をアセスメントして、状況変化の原因を捉えて、再度、関係者とサービス体制を見直すことになります。

　また、利用者の状態に変化がなくても、生活環境や介護者である家族の状況変化などの理由でニーズが変化することがあります。その場合も、ニーズに合わせて目標が変化するため、サービス内容の再検討が必要になります。

　いずれにしても、変化が出ている場合は、改めてサービス提供事業者から状況を聞き、新たな目標とする状態像を共有しながら、支援について優先順位をつけ、課題解決のために取り組む対応をしていきます。少しでも速く、適切な対応を可能にしていくために、関係者の知恵を前向きに出し合いながら次のようなポイントをおさえておくことが大切です。

利用者や家族の状況を再アセスメントし、迅速にニーズの再確認をする

　利用者の状態変化なのか、介護者である家族や生活環境の変化なのか、状況を再アセスメントし、ニーズの再確認を行います。このとき、かかわるケアマネジャーが慌てないように、落ち着いて状況を確認・整理していくことが大切です。コツとしては、まず医療的な心身状態の内容を確認し、それによる生活の支障を検討していくとよいでしょう。

事前にサービス提供事業者に支援内容の状況確認を再調整してもらう

　サービス提供事業者に、利用者や家族などに生じた変化を報告します。そのうえで、近況の変化を確認していくことで、生活の支障を最小限にできる対策を考えていきます。また、事前に伝えることでサービス内容の再調整を事前にしても

らえることになり、迅速な支援体制を組むきっかけができます。

迅速に対応できるよう、いくつかの支援体制を検討しておく

　実際に行っていく支援体制のほかに、リスクマネジメントとして日頃から利用者の状態の変化、家族や生活環境の変化を想定し、いくつかの支援体制を検討しておくとよいでしょう。その場合、例えば、在宅介護が難しくなってきた場合は施設入所の対応を検討しておく、医療依存度が高い要介護者の場合は緊急対応をしてくれる医療機関の確保などの体制を整えておくことも、迅速な対応につながります。

先輩からのアドバイス

　担当者会議を行う前には、利用者の状態や関係者の状況をアセスメントして現状を整理することが重要です。それも大変なことですが、特に手間がかかる準備は関係者との調整です。

　そこで初めてかかわりをもつ専門職と円滑に連携していくためには、「報連相」が大切です。まずは、利用者や家族の様子を「報告」や「連絡」します。そして報告と連絡という機会を通じて、必要な「相談」をしながら、より良い支援を一緒に見いだしていくことが大切です。

　日頃から、顔の見える関係を構築することを心がけることが大切です。例えば、毎月報告される利用実績を受け取るときや、来月の提供票を渡すときなどの機会を活かしていきます。より良い関係性を保持する努力を常にしていきましょう。

05 サービス担当者会議を効率よく開催するコツ

POINT

サービス担当者会議を有効に活用していくためには、いくつかのコツをおさえる必要があります。この会議(機会)で何をするのか、目的や論点を明確にします。

　要介護認定の更新時期や状態の変化に伴う要介護区分変更申請が重なってしまい「今月は担当者会議を○○件やらなくちゃならない！」と悲痛な叫びをあげたくなることがあります。このような経験をもつケアマネジャーは少なくないでしょう。この状態は、まさに仕事に追われている状態です。追われていると苦しくなり、どうしても担当者会議は表面的なサービス確認のみになってしまいます。

　このようなときに気をつけなければならないことは、うっかりミスをしてしまったり、調整や対応が雑になってしまうことです。担当者会議という関係者同士が集う貴重な機会を設けたにもかかわらず、大切な資料が抜け落ちて、後から追加資料を届けたり(郵送したり)、確認事項を失念してしまい、後回しにした結果、対応が後手になって、その対処に労力をかける事態になることもあるでしょう。こうなると、かえって余計な仕事の手間を生み出してしまいます。そこで、担当者会議を効率よく開催するコツをあげます。

サービス担当者会議の実施年間予定表を作成する

　担当している利用者の要介護認定の有効期間（新規は原則6ヶ月で3〜12ヶ月、更新は原則12ヶ月で、3〜24ヶ月）を一覧表（図表1-8）に整理しましょう。整理するとき、要介護度も表記します。こうすることで、担当する全員の要介護更新認定の申請時期がわかり、事前に担当者会議の開催日程を組むことができます。ケアプラン関連ソフトには、要介護認定の有効期間を一覧で出力できる

機能が備わっているので活用しましょう。パソコンが苦手な人は、手書きで、氏名、要介護度、要介護認定の有効期間を時系列で整理しましょう。

図表1-8 利用者の介護保険有効期間の一覧表（例）

認定有効期間	❶ 氏名	要介護度	❷ 確認	❸ 担当者会議予定日	❹ 実施済	❺ プラン	❻ 連絡先	❼ サービス利用内容	❽ 備考
H29.5.○～H30.5.○	日本太郎	要介護3	●	H29.○.○	●	●	A市B町1-2-3 ○○-○○○○	DS・HH・レン・住改	
H29.6.○～H30.6.○	世界花子	要介護1	●	H29.○.○	●		A市C町3-2-1 ○○-○○○○	DC・HH	1人暮らし
H29.6.○～H30.6.○	日本花子	要介護2	●	H29.○.○			A市D町1-2-3 ○○-○○○○	HH・DS	日中独居
H29.7.○～H30.7.○	世界太郎	要介護5	●	H29.○.○			A市E町1-2-4 ○○-○○○○	DS・HH・NS・レン・居療・SS	在宅酸素
H29.7.○～H30.7.○	富士山太郎	要介護2	●	H29.○.○			A市G町1-2-5 ○○-○○○○	HH・DS	
H29.8.○～H30.8.○	日本海花子	要介護1					A市D町1-2-6 ○○-○○○○	DS	
H29.9.○～H31.9.○	太平洋二郎	要介護2					A市G町1-2-7 ○○-○○○○	DS	

ポイント

この実施年間予定表は、できればExcelにて、作成管理することをお勧めします。理由としては、新規の利用者の認定有効期間が発生した場合でも、認定有効期間が迫っている順に整理することが簡単にできます。

❶氏名－利用者氏名
❷確認－担当者会議を開催するための調整などが確認済み
❸担当者会議予定日－実施予定日
❹実施済－担当者会議実施済み
❺プラン－担当者会議後のプランが配布済み
❻連絡先－住所や電話番号
❼サービス利用内容
　HH：ヘルパー／NS：訪問看護／居療：居宅療養管理指導／
　DS：デイサービス／DC：デイケア／SS：ショートステイ／
　レン：福祉用具貸与／住改：住宅改修
❽備考－利用者の特徴などを記載する

毎回、会議の目的を明確にたてる

まったく同じ内容の会議はありません。そのために、毎回会議の目的を明確に整理し、課題や論点をあらかじめしぼっておきましょう。たんなる更新時期だからと、表面的な担当者会議にしてしまうと、微妙な変化を見過ごすことになります。そのために、支援内容と時間軸を併用し、短期的、中期的、長期的な時期に、どのような状態に対して、どのような支援に留意していくことが必要なのかなど、常に生活の流れを意識したうえで、会議の目的を設定します。

誰もが時間の経過と共に変化しています。半年や1年前とは、徐々に変化しているのは間違いないことです。だからこそ、微妙な変化を見過ごさず、多くの関係者の専門的な視点を活用できるようにするためにも、会議の目的を明確にしていきましょう。

会議の目的がイメージしやすいようにタイトルを設ける

単純に「入浴ができるようにする」というのではなく、「○○さんの充実した生活を支えていくために必要なサポートの意見交換会」など、利用者を中心にした支援について活発に意見を出しやすくなるようなテーマ設定をするのも工夫の一つです。

会議の論点を考える

会議の論点も大切です。例えば次のようなことが考えられるでしょう。

＜主な論点＞

- ☐ 利用者および家族のニーズの共有化
- ☐ 目標、プランの共有化
- ☐ 役割分担の明確化
- ☐ チーム形成・連携
- ☐ モニタリングのポイント
- ☐ 緊急対応を含めたリスク管理

地域の情報交換の場にする

　利用者の心身や生活状態に即した支援内容を確認・調整するだけではなく、専門職が集うからこそ、関連情報を得られる場になります。例えば、新たなサービス事業者ができたことや、介護保険制度以外の生活支援に有効な制度の情報なども得られることもあります。ときには、担当者会議終了後に、ほかの利用者とその家族の近況確認や微調整をすることもできるでしょう。

　ただし、個人情報を確認する場面では留意してください。特に利用者や家族の前で話すことは禁物です。「こんな風に自分たちのことも別の場で話しているのか」と利用者や家族に不安をいだかせてしまう恐れがあります。信用失墜にならぬよう、細心の注意が必要です。

利用者の状況によって、さまざまな支援が考えられます。
その支援を検討していくために、担当者会議を実施することになるのですが、必ず担当者会議の目的を整理して実施することが必要です。
たんなる事務的な確認ではなく、利用者やその家族にとって有益な支援を実施していくための、大切な打ち合わせにしていきましょう。

まとめ

06 | サービス担当者会議の注意点

POINT
不安、焦り、緊張で、
うっかりミスということがないように、
注意するべき点をおさえておきましょう。

注意するべき点をおさえて、会議に臨む

　担当者会議はケアマネジャーの業務のなかでも準備の段階から、開催当日、そして開催後にいたるまでやるべきことが多く、かなりの労力を要するものです。特に慣れない新人ケアマネジャーにとっては、負担も大きいはず。

　担当者会議を開催していくには、大きく分けると❶事前準備、❷開催当日、❸開催後の三つの段階に分かれます。それぞれの段階の詳細は、第2章以降に記していきますが、ここでは、会議開催にあたって、新人ケアマネジャーがやってしまいがちなことや注意点についてあげてみます。

　新人ケアマネジャーがさまざまな日常業務をしていくなかで、担当者会議では司会進行をつとめながら、支援計画の確認・修正を行い、利用者や関係者のコンセンサスをとるというかなりの労力が必要になります。おそらく、肩の力が入り緊張している人も少なくないと察します。不安、焦り、緊張で、自分だけが空回りしているように思えてしまうこともあるでしょう。そんな新人ケアマネジャーは、以下のようなことをやりがちだと考えられます。

新人ケアマネジャーがやりがちな失敗

　担当者会議の趣旨を説明せず、介護保険制度上やるべきこととして、当たり前のように開催を予定・計画してしまいがちです。会議の開催予定だけを唐突に告

げられた利用者や家族は「サービス担当者会議って何？」「なんで今？」「なんのために？」と不安や不信感をいだかせてしまうことがあります。

　また、通例にとらわれ、相手の都合に配慮した柔軟な対応ができなくなってしまうことも考えられます。相手の状況理解が不十分だと、サービス提供事業者や関係者への会議出席の依頼が事務的なものになります。出席予定者の都合が合わず、開催日程の調整がなかなかつかないという事態に陥ることもあります。

　そして、会議を開催しても、「なんとか終わった」という感じで、手応えを感じられない、まとまりのないものになってしまいがちです。

　このようなことにならないために、次頁のようなポイントをおさえておくことが大切です。また、こうしたことはベテランケアマネジャーでも、慣れてしまったがためにやりがちなことと言えるかもしれません。

1

サービス担当者会議の意義と目的

新人ケアマネジャーが押さえておくべきポイント

開催については、事前に利用者・家族の同意を得る

　担当者会議は利用者や家族の個人情報を取り扱うので、まずは利用者・家族の同意を得ましょう。そのとき、なぜ話し合いが必要なのかをわかりやすく明快に伝えます。例えば、「これから○○さんが利用するサービスを上手に活用していくために、皆さんと内容の確認をさせてください」というように、あくまでも利用者本位の視点で、理由を明確に伝えます。

　また、担当者会議は利用者宅で行うことが通例ですが、居宅での開催が困難な場合は、柔軟に話し合いの場（サービス提供事業所などの相談室など）を設けましょう。

参加予定者の立場や都合に配慮する

　会議の目的を伝え、検討課題や居宅サービス計画書原案等の資料を準備して、開催場所や所要時間をサービス提供事業者に伝えて、会議出席を依頼しましょう。このとき、介護保険以外のサービス（社会資源）が検討課題の場合は、その関係者に出席を依頼しましょう。具体的には地域包括支援センターの職員や民生委員、見守りボランティアなどになります。

　会議当日は、終了時間を設定し、時間内に終了しましょう。

準備の段階で、各サービス間で目標や取り組み方針に
ズレが生じないように注意する

　事前準備では、サービス提供事業者間の連携を密にして、すべてのサービスが同じ目標に向かって取り組めるように、サービスの連携や不整合などが生じないように注意します。

　そのためには、日頃から情報を共有するための工夫をしておきます。つまり、共有するための方法や情報の内容などを明確にしておくことが大切です。そして、専門領域からの適切な知見を集めるために、利用者の状態の変化やサービス内容に変更があった場合にはすぐに連絡し、関係者全員が最新の情報を共有しているようにしましょう。

忘れがちなのは通院等の乗降介助や短期入所サービスといった時々しか利用しないサービスです。これらの常時使用しないサービスの提供者とも連携を忘れないように注意しましょう。

また、担当者会議に出席できないサービス提供事業者に照会した年月日、内容および回答は当日の出席者に伝えられるように、「照会」の内容と回答をチームで共有しましょう。

1

サービス担当者会議の意義と目的

先輩からのアドバイス

　担当者会議の開催にあたって、緊張している自分に気づくことがとても大切です。なぜなら、自分自身を客観的にみる視点があるということになるからです。この視点を活かしていくと、「どうして緊張しているのか」を分析していくことができます。多くは、慣れないからと考えがちですが、準備などの段取りや利用者や家族、関係者とのコミュニケーションを図った根回しなどをしていくことで、ずいぶん緊張がほぐれます。

　もちろん、慣れてきてからも、自分を客観的にみる視点は、常に必要です。ベテランになればなるほど必要な視点と言えます。

サービス担当者会議の準備と段取り

2

CONTENTS

01 | サービス担当者会議は「段取り八分」

POINT

事前準備（段取り）をすることは、
有益な会議になるだけではなく、
サービス利用や専門職同士の連携が
円滑になります。

　サービス担当者会議（以下、担当者会議）は、利用者などにとって必要な場合に適宜行っていくものです。この担当者会議に対して「苦手」「大変」「緊張する」などマイナスイメージを持っているケアマネジャーは少なくありません。特に新人ケアマネジャーは苦手意識を持ちやすい業務です。理由としては、開催のスケジュール調整、情報収集、司会、進行、記録とすべてケアマネジャーが行うため、精神的な負担を感じるからでしょう。

　内容よりも「開催した」という事実を残すために形式的にこなしてしまうと、会議そのものに対してのモチベーションも下がってしまいます。その結果、集まった関係者から「業務の合間に来ているのに、内容が見えない会議では困る」「自分が参加しても意味がなかったのではないか」など、気が重くなる意見がでてきてしまうこともあります。

　一方で、担当者会議を有効に活用し、積極的に開催しているケアマネジャーも多くみられます。そのようなケアマネジャーの原動力はそれまでの「経験」といえます。例えば、会議を開催することで、❶利用者とサービス提供事業者との一体感が図れ、スムーズな連携ができるようになった経験、❷多角的な視点や情報が共有化され、利用者等の理解を深めることができた経験、❸利用者等が関係者と会い支援内容を確認することで、安心感を得られたという経験など、効果を実感できた経験が大きな「原動力」となります。

　このような経験をしているケアマネジャーの共通点は、事前準備をしっかり整

図表2-1 開催前の準備

❶テーマ・目的の設定
❷参加者の設定
❸進行と役割の設定
❹日時・時間・場所の設定
❺ゴールの設定

❻資料の事前準備と配布方法を決める

❼参加者への周知
（電話・FAX 等）

えているということです。ポイントをおさえて準備をしていくことで、改めて会議の目的やすすめていく支援内容を再確認することができます。また、利用者と家族との関係性の理解を深められることにもなるのです。

「物事は段取り八分」と言います。生活支援に有効な担当者会議を実施できるように、会議開催に向けての段取りを大切にしましょう。

先輩からのアドバイス

　会議前の準備は、時間と労力がかかります。日程調整をするにも、利用者やサービス提供事業者の都合を合わせることは、いつでも簡単に調整できるとは限りません。特にお互いが初対面の場合はとても気をつかいます。だからこそ、利用者の状態や望んでいる目標についておさえたうえで、サービス提供事業者などの調整をしましょう。この調整という段取りがあることで、当日の会議をスムーズにすすめていけることになるのです。

02 | 現在の利用者の 心身状態を確認する

POINT

利用者の心身状態の確認は、家族や
サービス提供事業者からの報告だけに
頼らず、自分の目で確認することが大切です。

担当者会議を実施するときは、❶初回サービス利用開始時、❷要介護認定の更新時、❸状態・状況の変化による変更時ということを第1章で紹介しました。また、個々の事情があり、限定した関係者だけで行うこともあると述べました。どの担当者会議の際にも、まずは利用者本人の心身状態を確認することが重要です。

担当者会議の前に、利用者本人の状態を確認することは当然のことです。あえてそのことをここで最初に述べたのは、確認したつもりで済まされてしまっていることが少なくないからです。

家族からの電話やサービス提供事業者からの報告で、利用者の変化が知らされることもあるでしょう。例えば、それまで介護者のサポートでなんとか動けていた利用者が、これまでのようには動けなくなってしまい、「このまま動かなくなって廃用症候群が進んでしまったら大変なので、通いでリハビリができるところに行かせたい……」というような相談が家族からあった場合はどうでしょうか。

このような場合、皆さんの頭に真っ先に思い浮かぶことは「どこか適当な事業所はあるかな」ということかもしれません。そして紹介する事業所を急いで探してしまうケアマネジャーも案外いるのではと思います。しかし、まずは「動けないって、どんな状況なのか？」「何かきっかけ（理由）があったのか？」など、利用者の状況を自分の目で確認する必要があります。この確認が思い浮かばず、あるいは後回しにしてしまっていないでしょうか。

利用者の変化には、さまざまな理由が考えられます。動けなくなった原因が何らかの疾病によるものであったり、介護者の状況の変化によるものだったり、生

図表2-2 的外れのサービス担当者会議にならないために確認すべき心身状態

❶疾患の確認
❷服薬の確認
❸身体機能の確認
❹認知機能の確認
❺生活歴の確認
❻要介護状態に至った経過の確認
❼好きなことと嫌いなことの確認

活環境の変化が影響していることもあります。現在の状況の確認がおろそかなまま、サービスを見つけ、担当者会議を開いても、的外れの支援になってしまいます。そうならないために、まずは、次に説明するような利用者の心身状態を確認しましょう。

❶疾患の確認

疾患を確認するときには、基礎疾患と合併症を確認します。基礎疾患とは、高血圧や脂質異常症のように、ほかの病気の元になる疾患を意味します。一方、合併症は基礎疾患が災いして生じる疾患で「脳卒中」「狭心症」「心筋梗塞」「腎不全」などの疾患を指します。また、脱水やそれにからんで、便秘や膀胱炎など生理的現象が不安定になっていることで、体調が不安定になっていることも考えられます。

このほかにも、口腔内の既往や整骨院などの通院歴も確認するようにしましょう。利用者の不安定な状況変化が、実は虫歯や歯周病など、口腔内の不調の場合や神経痛、腰痛などに原因していることもあるからです。

❷服薬の確認

利用者の多くは服薬をしています。薬によって重複や飲み忘れが体調に大きく影響することもあるため、薬の確認は重要です。

薬の副作用によって、トイレが頻回になったり、ふらふらしたり、落ち着かな

くなることもあります。一見、認知症がすすんでしまったのでは、と考えられがちな言動も、服薬が原因のこともあります。

　服薬は主治医に直接確認することもできますが、主治医意見書の記載や訪問看護師から確認することもできます。また、家族からお薬手帳や処方された服薬リスト用紙を見せてもらって確認するのも、手短に確認できる方法です。

　最近では、かかりつけ薬剤師もいますので、調剤薬局の薬剤師に服薬内容や留意する点などをアドバイスしてもらってもよいでしょう。ただし、このとき居宅療養管理指導料をとられることもあるので注意しましょう。

❸身体機能の確認

　身体機能を確認するといっても、どのように確認していくか戸惑う人もいると思います。単純に身体が動くか、動かないかという視点だけで判断するのは禁物です。日常生活行為をするときの動作に支障がないか。ある場合は、どういった生活の支障が生じているかという視点で確認することが重要です。

　つまり、居住空間という環境と、そこで暮らす個人の生活行為動作という2つの視点で確認する必要があります。安心して日常生活行為ができるように、身体機能を維持・向上していくことが良いか、福祉用具の購入か貸与か、住宅改修が必要かなどの判断につながっていきます。

　また、「急に動きが悪くなってしまった」「急に落ち着かなくなった」などのこれまでと異なるような身体機能の変化は、「急に」とはいつ頃からか、どんな状況で変化に気づいたのか、この間の本人の様子などを家族に確認しましょう。このときに、さりげなく家族の近況などもうかがうとよいでしょう。変化の要因が推測しやすくなり、対応策も現状に則して考えられるようになります。

❹認知機能の確認

　認知症を伴う場合、専門医の診断結果を参考にすることが大切です。また、利用者の生活行為において、認知症のためにどのような支障が生じているのかをアセスメントすることが必要です。

　例えば、もの忘れが生活にどのような不具合を生じさせているか、また介護者の生活にどのように影響しているかを確認します。その際、いつ頃からどのよう

な支障がでているのかを具体的に聞いていきます。確認していくことで、住環境（介護者も含め）の変化に伴うものか、本人の体調変化に伴うものなのかなど、課題整理のきっかけになります。

❺生活歴の確認

　これまでどのような生活を営み、今に至ったのかを知ることは、人物像を立体的に理解することになります。似たような境遇の人はいても、まったく同じ人生を歩んできた人はいません。生活の営みの経過のなかで、人格形成ができるのです。つまり、性格という個性が育まれることで、さまざまな生活模様がみられるのです。ただし、この生活歴の確認をするためには、ケアマネジャー自身が、利用者の歩んできた歴史的背景に関する情報や知識を得ておく必要があります。

　例えば、日常使用している電話一つをとっても、現代ではコードレスになり、小さな携帯電話になっています。ところが、戦前は本家に一機だけあり、電話交換手を呼び出してつないでもらったということを知っていることで、当時の生活をイメージすることができます。そうした理解が、相手の生活歴を深く理解することにつながります。

❻要介護状態に至った経過の確認

　病気や怪我がきっかけで要介護状態になってしまったことは想像できますが、一人ひとりの経過には、それぞれの出来事があります。この出来事を踏まえて経過を確認することで、今後支援体制を整えていくときに、協力してくれる人（親族や専門職）やサービス機関の選定に役立つ情報が得られます。

❼好きなことと嫌いなことの確認

　好き嫌いはもっとも単純なことのようですが、とても重要な確認になります。好きなこととは、人物、日常生活の行為、食べ物など利用者によって、かけがえのない大切なことになります。それにより、心地良さや安心感を得られたり、他人から話題にされても、嬉しい気持ちになれたりするものです。

　一方、嫌いなこととは、それにより、不安や居心地の悪さを感じてしまったり、他人に触れられることを好まないものです。これを確認せずにかかわり続けると、相手に不信感、嫌悪感を抱かせてしまうことにもなりかねません。

　担当者会議の前に、利用者や家族の好きなこと、嫌いなことを確認しておくことで、話題や言葉かけの仕方にも配慮でき、リラックスして和やかな雰囲気で会議をすすめることができるでしょう。

先輩からのアドバイス

　ここでいう「確認」とは、何でもストレートに聞いて、確かめることではありません。世間話などから始めて、徐々に利用者の生活歴をうかがいながら、相手を理解するために必要な情報を得ていくことです。生活している居住環境を観察する中で、察していくこともできます。

　また、服薬や疾患についても、「薬は何を飲んでますか?」「既往歴はありますか?」と聞いて確かめることもできますが、本人や家族の話し(思い)を引き出しながら、その流れのなかで確かめていくと、単刀直入に聞いたときよりも、多くの必要な情報を得ることができます。

03 現在の利用者の 生活状況を確認する

POINT
生活状況の確認はプライバシーに
かかわることです。
不信感をいだかせてしまわないように
相手の思いに配慮しながら慎重に行いましょう。

　担当者会議の開催に際しては、利用者の心身状態だけではなく、介護者を含めた生活状況の明確化が重要になります。そして、この確認をしていくときにも、杓子定規に聞いていくのではなく、季節の話題や世間話などから、自然な会話の流れをつくり、相手の表情や声のトーンなどの反応をみながら、聞いていくようにしましょう。

　生活支援をすすめていくには、相手の生活状況を確認することは欠かせません。けれど、プライバシーにかかわることなので、他人に生活を見られたくないという理由から、サービスを受けることに気がすすまないという家族も少なくありません。利用者や家族が生活をのぞかれているような気持ちにならないように、配慮しながら確認していくことが大切です。

図表2-3 的外れのサービス担当者会議にならないために確認すべき生活状況

❶居室環境の確認
❷屋内の生活動線の確認
❸介護者（家族）の生活状況、心身状態の確認
❹同居家族以外の人との確認
❺経済的状況の確認
❻近隣関係の確認

❶居室環境の確認

居室は利用者にとって、もっとも安心できる場所と言えます。その居室環境の様子から生活習慣なども察することができ、そこで生活する人の理解につながります。ただし、見た目のみで判断するのは禁物です。時折、「ゴミ屋敷?!」と話題にされる事例がありますが、そこに至るまでには個人の事情があってのことです。一つひとつの物が重なり合った層には、「思い」という歴史があることを踏まえて、確認していきましょう。

❷屋内の生活動線の確認

生活動線を確認することで、日頃、利用者や介護者である家族が、どのように日常生活を営んでいるかを理解することができます。例えば、居室からトイレまで移動するとき、動線上に行為の邪魔になるような物がないか確認します。それらを解消することが快適な生活につながります。

どこから、どのように出入りしているか（玄関はほとんど使わず、勝手口から出入りしている場合もけっこうあります）についても、相手の動きをみながら確認しておくとよいでしょう。事前に確認することで、例えばデイサービスの利用開始にあたって、送迎時のスムーズな対応を考え、担当者会議で具体的に提案することができます。

❸介護者（家族）の生活状況、心身状態の確認

利用者の生活には、介護者である家族の状況が大きく影響します。そこで、家族の生活状況、心身状態を確認することも重要と言えます。仕事をしながらの介護の場合、職場の配置転換や勤務時間の変更などにより生活ペースが大きく変わってしまうことがあります。そのような生活の変化が、利用者の不穏につながってしまうこともあるのです。

献身的に介護を続けてきたけれど、介護者自身の年齢的なことや持病などによって、これまでのような介護が難しくなることもあります。このとき、悲観的になってしまう介護者も少なくありません。介護者の生活が介護一色になり自分自身の時間がなくなってしまうことで、精神的に追い詰められてしまうこともあります。介護者（家族）の安定なしには、利用者の安定も難しいといえるでしょ

う。担当者会議の前に介護者（家族）の生活状況、心身状態の確認をしておくことで、介護者（家族）支援も含めて、具体的な支援の方法を考え、提案することができます。

❹同居家族以外の人との確認

　場合によっては、同居家族以外の身内との関係性について確認が必要になります。ケアマネジャーがまだ会っていない家族、親戚が利用者の生活状況に大きな影響を及ぼしていることがありうるからです。その人物とのかかわりが、利用者にとってどのような影響があるかを確認していきます。

　親しく信頼している人物なのか、溺愛している人物なのか、逆に会いたくない人物なのかなどを確認をしていくことも大切です。このような確認は、親族内のパワーバランスを理解することになり、親族の関係（つながり）を理解した支援につながります。

❺経済的状況の確認

　介護サービスを利用するためには、当然費用がかかります。平成27年8月からは、介護サービス利用料が2割負担になった人もいます[注1]。そのため、経済的に支払いが難しくなり必要なサービスを断らざるを得なくなったり、介護保険料を滞納していたという事例もでてきました。経済的状況を確認していくことは、支援体制を組んでいくうえで、避けては通れません。しかし、だからといって、いきなり「今の生活収入はいくらですか？」などと聞くことはできないでしょう。生活状況（住環境の調度品や食生活など）やもともとの職業で年金収入などを推測していくことはできますが、あくまで推測でしかありません。

　そこで、次のような方法で確認していきます。まず、サービス利用料の説明をするときの反応をみていき、費用をどのくらいかけることができるのかを確認していきます。次に、ショートステイや施設入居の際の食費や部屋代の減額申請の説明をしながら確認していく方法などがあります。

　いずれにせよ、介護費用に対してどのくらいの支払いができるかは、シビアで

注1（一定の要件を満たす）現役世代並みの所得の人は平成30年8月から3割負担になる。

デリケートな部分のため、慎重に確認をしていくことが必要です。

❻近隣関係の確認

　利用者やその家族と近隣との関係を確認することも大切です。特にサービス提供事業者の多くは、事業所の車両を使用して利用者宅に訪問することになります。このとき駐車位置が不適切で、近隣からクレームがあったりすると、利用者にも多大な迷惑をかけてしまうことになります。あらかじめ、利用者等との話のなかから、近隣の様子やご近所さんとの関係性を察しておくことは必須です。

　また、もの珍しそうにたずねてくる近所の人もいますが、個人情報に関することを話すことは御法度です。ただし、このような人たちは別な見方をすると、関心をもって見てくれていることにもなります。そのため、私たち専門職は上手に近隣とかかわっていかなければなりません。一方で、ケアマネジャーとしては連携しやすい人的資源だと考えていた人が、実は利用者や家族にとっては、相性が合わなかったということもありますので、近隣とのかかわりには配慮が欠かせません。

　以上の確認事項は、順番通りに行わなければならないというものではありません。利用者の雰囲気や確認しやすいところから行っていきましょう。

先輩からのアドバイス

　直接的（ストレート）な聞き方は、相手に警戒心や不信感をいだかせ、ようやくできた社会資源（サービス）とのつながりを自ら切って、閉じこもってしまうことになりかねません。確認の仕方には十分留意してください。

04 | 利用者や家族が望んでいる生活を確認する

現在の「**02**心身状態の確認」「**03**生活状況の確認」とともに大切なのが、「利用者や家族が望んでいる生活の確認」です。要介護状態になり、これまでの生活ができなくなり、利用者も家族もさまざまな思いを感じているはずです。多かれ少なかれストレスや喪失感に苛まれているかもしれません。今が必死で先のことなど考えられない、あるいは考えたくないと無意識に感じてしまっていることもあるでしょう。

だからこそ、これから自分たちがどんなふうに生活していきたいのか、どのような生活をしていくことが自分たちにとってよいのかということを考えることが重要になってきます。わからないこと、知らなかったことばかりで余裕もなく、要介護という現実のなかで、考える（自分の思いと向き合う）ということは容易ではありません。それゆえ支援が欠かせないのです。

利用者や家族が望んでいる生活をうかがうコツ

時にゆらぐ相手の思いの芯（真）を理解するためには、日頃からその思いをうかがっておくことが重要です。利用者や家族がどのように生活していくことを望んでいるのかをうかがうコツを紹介します。

かつて充実していた頃の話をうかがう
介護が必要な生活になったことで、これまでのような生活ができないという喪

失感を覚える利用者や家族は少なくありません。一見すると元気に振る舞っているような人でも、空回りしている場合もあります。

そこで、利用者が要介護状態に至る前は、どのように活躍されていたのかを、本人や介護者である家族等の関係者に聞いてみましょう。当然大変なこともあったと思いますが、誰でも元気に充実していた頃の思い出があるはずです。それらを回想していくことで、改めて冷静に現状を見つめ直すきっかけができます。また、かかわるケアマネジャーにとっても、利用者と家族、関係者たちとの関係性を理解することで、お互いのパワーバランスを理解しやすくなります。

今の生活を築いてきたことへの賞賛

これまでの経過の話を聞くことで、利用者や家族は現状を悲観的にとらえてしまう人もいます。確かに、元気でなんでもできていたことが、できなくなってしまうという喪失感は、当事者にしかわからない心境です。そこで、そのような経過をたどってきた大変さを、労うことが大切です。そして、これまでなんとか頑張ってやってきた、もしくはこれから頑張って取り組んでいこうとする利用者や家族の姿勢を賞賛しましょう。

表面だけの労いの言葉ではなく、当事者である利用者や家族が経験してきたことを語ってもらい、丁寧に傾聴することで、相手に安心と信頼感が湧いてきます。そこでようやく、私たち専門職は新たな応援者の一人として、支援させてもらいたいということを伝えることができ、その言葉が相手に響くことになるのです。私たち専門職は、要介護者や家族にとって、身近に寄り添っている応援団であるということを伝えることが、エンパワメント・アプローチになっていくのです。

先輩からのアドバイス

サービス提供事業者には、事前に会議の内容や目的を伝えるだけではなく、利用者や家族の思いを伝えるようにしましょう。その思いが推測されるような、利用者や家族のこれまでの出来事なども伝えておくことで、より具体的なかかわりを探っていこうという心持ちで、会議に望んでもらうことができます。

生（活）きる思いとは

「そんな贅沢なことを言ってもいいの……？」

　これは数年前、私が支援していた家族が口にした今でも忘れられない言葉です。夫婦二人暮らし。妻が夫の介護を続けてきていました。年々お互いの体力の衰えもあり、夫はほぼ寝たきりの生活。発熱などの体調の変化も度々見られてきました。妻は献身的にかかわりながらも、持病の腰痛で無理はできない様子でした。「もう施設にお願いしたほうがいい」と親戚からも言われ、「そうしたほうが良いのかな……」と、ある日の訪問で妻は私につぶやきました。

　私はその様子から、妻のゆらぐ思いを感じました。それまでのかかわりの中で、「今まで夫と二人で助け合って生活してきたの。これからも、できる限り二人で助け合っていきたい」と話し、弱音を吐いたことのない妻でした。

「これまで、お二人で本当に頑張ってきましたね。そろそろお二人の生活に応援団を増やしてみてもいいのではないですか」。私がそう伝えると、妻は少し驚きの表情を見せました。「奥さんのことを考えたら、そうしたほう（施設入所）が良いかもしれませんね」。私の口からでてくるのは当然こういった言葉だと思っていたようです。

　続けて私は、訪問看護や訪問診療の情報を伝えました。「先生や看護師さんが家まで来てくれるの？　そうしてもらえるなら安心だけど」。その後にでてきたのが、冒頭の言葉でした。妻は自分が診てもらっている病院の医師からも、「その腰の状態ではもう介護は無理ですよ」と言われ、今の生活を続けていくことは無理なことであり、続けていきたいと望むことはとんでもないことだと思っていたのです。

　私は妻の思いを確認し、医師や看護師にも伝え、後日、担当者会議に出席してもらいました。ご夫婦は少し緊張しながらも思いを伝え、二人の生活の新たな応援団を晴れ晴れとした表情で迎えてくれていました。

　生（活）きる思いは、ときに大きくゆらぐものです。そのゆらぎを理解

COLUMN **2**

しながら、寄り添い、支援していくことが大切です。寄り添い支援すると
は、相手の言葉に振り回されることではありません。ゆらいでいる相手の
思いの芯（真）を理解し、ゆらぎのなかからその芯（真）に沿った生（活）
きる思いを、相手が主体的に選び、すすんでいけるように支援（エンパワ
メント）することが、生活支援の専門職としてのケアマネジャーの役割と
言えます。

05 | 会議のテーマ・目的を設定する

POINT

会議のテーマを設定し、
目的をわかりやすく表現することで、
より有意義な会議になります。

オリジナルなテーマ（内容）を設定して有意義な会議を

　皆さんは担当者会議を行うとき、会議のテーマを設けているでしょうか。担当者会議の目的などは、「サービス担当者会議の要点（第4表）」で掲げていても、会議のテーマを設けて実施している人は、少ないかと思います。

　例えば、新規利用者の初めての担当者会議では、どんなテーマが思い浮かびますか。単純に「新規サービス利用の担当者会議」というテーマが考えられるかもしれません。または、直接的な「デイサービスと福祉用具をレンタルするための担当者会議」というようなテーマ設定などもありがちです。

　このようなテーマ設定が悪いわけではありません。けれども、担当者会議を開催する目的は、利用者のことがわかってもらえる、オリジナルなテーマを設定していくことが必要になります。先に述べた「心身状態の確認」「生活状況の確認」「本人、家族が望む生活状態の確認」を行っておくことで、より、その人に合った支援を検討できる会議のテーマを設定することができます。

テーマ設定のコツ

　利用者の日常生活ができるだけ安心・安全で、思いを活かした生活を実現できるような開催理由をかかげ、テーマに反映させます。

テーマは会議の目的を明確に表現する

　何のために会議を開催し、どのようなことについて話し合うのかを明確にしておくことが大切です。このとき、利用者やその家族の現在に至るまでの経過や、今の生活の不具合（生活のしづらさ）を整理し、そこから見いだされた生活課題への取り組みをより具体的に現した言葉をテーマとして設定します。

　このとき使用する表現は、利用者の今とこれからの対策が思い描けるようにしていく必要があります。そのためにサブテーマも設定することをおすすめします。

開催理由は、より具体的に

　開催理由については、利用者の心身状態と生活状態を踏まえ、安心した生活を継続していくために何が必要なのかを明確にし、具体的な支援内容や方法について検討することを記載する必要があります。テーマやサブテーマをもう少し詳しく説明するというイメージです。

図表2-4 テーマ、サブテーマ、開催理由で記載するポイント

◆テーマ

| 現在の心身状態 | ＋ | 生活状態や生活のしづらさの内容 | ＋ | 目指す方向 |

◆サブテーマ

　確認や検討する具体的な要点

◆開催理由

　具体的な支援内容や方法について検討すべきことを記載する

テーマとサブテーマ、開催理由の例

　初回時、更新時、変更が必要な時の各段階の担当者会議の具体的なテーマとサブテーマ、開催理由の例を紹介します。

初回サービス利用開始時

テーマ

　脳梗塞の後遺症によって、移動する動作が不安定であるAさんが、自宅で安心して暮らせるために

サブテーマ

　今とこれからの必要なサポートについての確認

開催理由

　脳梗塞の後遺症により左麻痺があり、移動時、自宅内で転倒のおそれが考えられる。そのための対策として、身体機能の維持対策、環境整備、必要なサービスと内容について検討し確認をする。

要介護認定の更新申請時

テーマ

　状態の大きな変化がなく、当初の目標が達成できていることから、今後も今の生活を継続していくため

サブテーマ

　日常生活でやりたいことのサポート方法の確認

開催理由

　要介護更新認定にあたり、現在の安定している生活の支援内容を再確認し、より良い生活継続をしていくために、本人や家族、関係者と支援内容の確認と今後新たに必要になる点について検討し確認する。

状態・状況の変化による要介護認定区分変更申請時

テーマ

　心身状態の変化により、歩行が困難になったことから、支援内容の見直しを行う

サブテーマ

　日常生活行為の具体的なサポート内容と体制の確認

開催理由

　脳梗塞の再発により、これまでできていた移動の動作が困難になった。病院を退院するにあたり、今後の在宅生活行為の見直しと必要な支援について検討していく。

先輩からのアドバイス

　担当者会議を有意義な機会にするためには、その目的を理解してもらうことが大切です。そのためには、会議の目的をわかりやすくする工夫が重要です。会議のテーマを設けていく試みもその一つです。特に利用者本人の意志表示が病気や障害で難しい場合などは、利用者のアドボケイトになるように、テーマを設定していくことが大切です。アドボケイトとは、意思表示が難しい人々の利益を守るために、その人たちの立場に立って、その意思を代弁していくことを意味します。

　また、テーマにケアマネジャーの主観が含まれてしまっていないか、必ずチェックするようにしてください。開催理由の土台には、利用者の意思表示の支援（セルフ・アドボカシー）があるということも忘れないでください。

06 参加者に応じた会議の型式

POINT
「形式」にこだわらず、会議の内容に合った
「型式」を判断して開催しましょう。

形式ではなく、型式にこだわろう

　担当者会議は利用者と家族の参加が基本だと書きました。しかし、専門職だけで行った方が適切な場合もあります。それは、利用者や家族に伝える前に、その内容を専門職等の関係者間で検討しておく必要がある場合や、利用者等の状態に応じて配慮が求められる場合です。

　例えば、ターミナルを迎えている利用者の前では、支援の方向性や緊急時の対応などの話題は一般的には控えるべきでしょう。また、認知症にともない、大勢の人たちが集う中に入ることで、混乱が強くなってしまう場合も避けるべきです。さらには、虐待の疑いが考えられる場合は、たとえ本人がいなくても、会議で検討する際の言葉の表現さえも気をつけていきます。

　このように、専門職だけで行う担当者会議もまた、利用者やその家族に不安や不信感を抱かせることなく、必要な支援を必要なタイミングで提供していけるようにするために、互いの共通認識をとるという意味でも重要な会議になります。

　このように利用者等の状態や状況を理解しつつ、関係者への配慮などを踏まえていくと、必ずしもお決まりのように、利用者や家族、関係者全員が一堂に会して担当者会議を開催する必要はない、ということがご理解いただけると思います。形式にこだわりすぎると、誰にとっても負担感ばかりが増してしまう会議になりかねません。適切なタイミングで有意義な担当者会議を行えるようにするには、その会議の内容を進行役であるケアマネジャーが明確に持つことが重要です。そ

して内容によって開催する会議の型式を適切に判断することが大切です。

型式・・・会議の内容、目的によって分類した会議の型

形式・・・一定のやり方、事務的な手続き

サービス担当者会議の規模と内容

有意義な担当者会議を開催するために、適切な会議の型式と出席者に応じた内容を紹介します。

型式　大（公的な規模、関係者が一堂に会して行う会議）

出席者

利用者、家族、近親者などの参加者、医療関係者（医師、看護師、リハビリスタッフ、MSWなど）、福祉関係者（介護保険や障害福祉サービス専門職、社協など）、行政関係者（高齢福祉課、障害福祉課、生活保護課、保健所など）、近隣関係者（自治会長、民生委員など）

内容

・進行性の難病に加え、ターミナルケアを在宅で行う場合

・医療依存度が高い上に、権利擁護をしなくてはならない状況の場合

・生活困窮の上、さまざまな社会的行為の逸脱が生じやすい環境にある場合

など

型式　中（スタンダードな会議）

出席者

利用者、家族、医療関係者、福祉関係者

内容

・初回サービス利用開始時に行われる場合

・要介護認定の更新申請時に大きな変化もなく行われる場合

・状態・状況の変化による要介護認定区分変更申請時に新たな支援サービスや調整が必要な場合　　など

型式　小（緊急な変化に対応するため小回りを利かせた会議）
　　　　（わずかなサービスの変更に伴う確認程度の会議）

出席者

直接的にかかわる関係者

内容

・迅速に小回りの利いた対応をしなければならない場合

・急変により、医療関係者と今後の対応を検討する場合

・緊急ショートステイなどの新たなサービス利用が必要になった場合

・新たな福祉用具の利用希望がでた場合

・サービス提供事業者一社を変更する場合

・わずかなサービス変更に伴う確認程度の会議　　など

進行と役割並びにゴール設定について

　担当者会議で行う内容にあわせて開催する型式を、「大」「中」「小」に分けて行うことで、参加者を選定しやすくなるばかりか、進行する際のケアマネジャーの緊張度合いも変わってきます。

　型式「大」では、担当者会議に参加するメンバーの人数が大きくなります。そして、内容（利用者支援におけるゴール設定）も、より多くの人たちに認識してもらえるように、配慮した取り組みがケアマネジャーには求められます。

このような型式「大」を開催する場合は、準備や当日の進行をしていく際に、公的機関のサポートを大いに活用しましょう。例えば、地域包括支援センターの主任介護支援専門員や行政機関担当者などにサブ的存在でアドバイスをもらいながらすすめていきましょう。

型式「中」と「小」の進行は、一般的な担当者会議になります。やや身近な、なじみのある関係者が集うため、ケアマネジャーは普段のモニタリングで面談しているような雰囲気をイメージしながらすすめられます。そして、担当者会議開催の目的を達成するために、かかわるサービス提供事業者などの役割確認も堅苦しくなく行え、ゴール設定も流れによっては、微調整しやすくなるでしょう。

型式「小」の担当者会議は、大いに活用していくことをおすすめします。日々の生活には、変化がつきものです。その変化は些細なこともあります。その時、小回りを活かした型式「小」は、生活支援を担っているサービス提供事業者との微調整に適しています。この点を活かして、フットワークよく行える型式「小」の担当者会議を大いに活用していきましょう。

先輩からのアドバイス

　話し合う内容によって、担当者会議の参加者メンバーは変わってきます。参加者は、利用者とその家族などの関係者が基本です。そこに開催目的に即した専門職などの関係者が加わってきます。この「目的に即した」に合わせて、会議の型式が異なってきます。制度上、開催が定められている担当者会議は、型式「中」のスタンダードな会議と考えられます。この会議のほかにも、適宜、型式「小」の形で、関係者などとのやりとりを行っておくと、スタンダードな会議をよりスムーズに、有意義なものとして開催することができるでしょう。

サービス担当者会議の準備と段取り

2

07 | 開催場所と日時の設定

POINT

関係者が出席しやすいよう
できるだけ早めに調整しましょう。

日程と場所の調整はできるだけ早めに行う

日程の調整

　関係者の予定を確認し、日程と場所を調整していくことは容易なことではありません。基本的には利用者・家族を中心に検討しますが、家族が仕事が終わってからの時間を希望しても、主治医が外来のためその時間では対応できないということもありますし、訪問介護事業所は昼や夕方の時間帯は多忙なため、その時間に参加するのは難しいなど、各々の都合を考えるだけでも一苦労です。そのため、日程や場所の調整はできるだけ早く取りかかる方が良いと言えます。

　具体的には、主役である利用者・家族に開催候補日を2、3日あげてもらい、サービス提供事業者に調整してもらうようにします。また、サービス利用について「初回」「更新」「変更」や、サービスを早急に利用開始しなくてはならない状況などによって、担当者会議の日程を決定していきます。

場所の設定

　担当者会議をどこで開催するかによって、会議の雰囲気や流れにも影響がでてきます。通常は、利用者の生活の場である自宅で行うことが一般的でしょう。なぜなら、生活の営みに必要なさまざまな支援や方法などを明らかにしやすいからです。

　自宅以外で行う場合は、退院前に病院のカンファレンスルームで行ったり、通

図表2-5 日程調整の目安と留意点

型式	サービス担当者会議を開催する目安	留意点
初回	利用者や介護環境などのアセスメント後、必要なサービス関係者と調整がとれ、仮のケアプランが作成でき次第、日程調整をしましょう。サービスの利用開始1〜2週間前に設定します。	初回でも早急にサービスを利用する場合は、内容をアセスメントし、必要なサービス提供事業者のみと調整して担当者会議を開催し、サービス利用開始になることもあります。
更新	介護保険有効期間やケアプラン目標設定有効期間を踏まえ、おおよそサービス開始の半年から1年後頃に実施します。その際、モニタリングでの情報（利用者や家族、サービス提供事業者など）を再アセスメントをし、更新に絡んだ担当者会議を開催できるように、2〜4週間前に設定します。	利用者の心身状態や生活状況も安定していることから、比較的余裕を持って計画的に開催しましょう。
変更	利用者の心身状態や生活環境変化により不具合が生じています。その不具合をアセスメントし、早急に直接かかわる関係者と開催します。不具合発生日〜1週間以内に開催します。	不具合の対応に何が必要なのかをアセスメントし、対応の優先順位を決めていきましょう。

院の際の診察室や介護サービスを利用している施設で行うこともあります。このように会議の内容や目的、利便性を考えて実施していくことで、より効果的な担当者会議になります。いずれにしても、利用者の状態や生活環境に配慮した会議の場所を検討することが大切です。

それぞれの開催場所の特徴と留意点

開催場所によってメリットとデメリットがあります。それぞれの場所の特徴を有効に活かして、留意点に配慮して会議を開催しましょう。

利用者の自宅

基本的に担当者会議を開催する場所は、利用者宅になっています。生活の場な

ので、本人にとっては安心できる場所です。また、介護する家族にとっても、慣れた環境で話し合うことは、「お客さま」を迎え入れる気遣いはあっても、緊張感や移動の負担は軽減できます。一方、専門職にとっても利用者の生活の場や自宅での様子を見ることで、具体的な支援のイメージがつきやすくなります。

留意点

部屋の広さや出席者（専門職等）の車両を停める場所などをあらかじめ確認しておきましょう。特に近隣への配慮が必要な場合は、参加者に事前に連絡するようにします。

お茶の用意などを気にする家族もいます。このような気づかいは不要であることを伝えましょう。「最初だけ」「今回だけ」というようなことは、次第にエスカレートしてしまい、会議そのものを負担に感じるようになりますので、気を使わないように、こちらからも配慮する必要があります。

病院、診療所

医療的な助言や、介護をしていく上での身体的ケアに関する注意点などの情報が得られやすくなります。タイミングとしては、退院や受診などの機会を活用していくとよいでしょう。

最近では、入院と同時に本人や家族に担当ケアマネジャーの有無が確認され、病棟師長から電話連絡をもらうことが増えました。このような連携は、ぜひ活用していきましょう。

留意点

利用者にとっては、病院や診療所という日常とは異なる環境のため、緊張や遠慮などがあり真意を伝えられないことが考えられます。ケアマネジャーは、きちんと寄り添いながら、ときにはアドボケイトすることを忘れてはなりません。

サービス提供施設や公的機関など

かかわる関係者が多くて利用者宅での開催が難しい場合や、サービスの様子を実地で確認しながら会議を行いたい場合は、サービスを利用している施設等や地域包括支援センターの会議室で行う場合もあります。施設等で行う場合は、施設

郵 便 は が き

料金受取人払郵便

上野局
承　認

1082

差出有効期間
平成31年6月
30日まで

1 1 0 - 8 7 9 0

2 1 0

（受取人）
東京都台東区台東3-29-1
中央法規ビル7F

中央法規出版株式会社
企画調査室行

ılılı·ıl·ıılıı·ıılıılıı·ıılı·ıılıılıı·ıılıılıılı·ıl·ıılı

ご愛読者カード

このカードは弊社において大切に保存し、今後の企画、編集方針等の参考にさせていただきます。ご協力よろしくお願いいたします。

性　別	男・女	年　齢	歳	購入期日	年	月
ご職業・職種				職　　歴		

★**この本を何でお知りになりましたか。**

   1　新聞・雑誌・ホームページで見て………名称（　　　　　　　　）

   2　書店の店頭で見て　　　3　友人・知人に薦められて

   4　著者の講演を聞いて

   5　その他（　　　　　　　　　　　　　　　　　　　　　　　　）

★**本書についてのご意見、ご感想をお聞かせください。**

★**あなたが、今後読んでみたいテーマや、最近気になる話題、または、こんな本があったらいいと思うものを教えてください。**

内の専門職が参加しやすいというメリットもあります。

留意点

　デイサービス利用中などは、サービス提供時間として認められなくなってしまうため注意が必要です。この点については、ローカルルールがあるかもしれませんので、事前に行政の介護保険担当者に確認しましょう。

開催時間と留意点

　誰にとっても、有限の時間を有意義に使えるように考慮して、会議の時間を設定していくことが大切です。

午前中の場合

　午前の早い時間帯は、誰にとっても忙しい時間です。家族は炊事洗濯などの家事に手を取られているでしょうし、介護職にとっては朝の申し送りや送迎で慌ただしいでしょう。医療職にとっても診察の準備や診療中ということもあり、時間がとりにくいと考えられます。

　夏は午前中の涼しい時間の方が本人の負担が少ないということもありますが、会議の内容によっては10時もしくは11時頃から開始して、お昼前には終了できる時間設定がよいでしょう。

午後の場合

　午後は、比較的時間がとりやすいと考えられます。特に13〜15時は、介護者にとっては午前に炊事洗濯をすませて昼食をとり、少しゆっくりできる時間帯になります。専門職にとっても、午前中のルーティンワーク（送迎、入浴介助、食事介助など）をすませた後になります。医師の場合は午後の休診時間になるため、担当者会議に参加しやすくなります。ただし、休診時間をほかの仕事や往診時間にあてている方も多いので、主治医の参加が必要な場合は、早めに予定の確認をしておきましょう。

夕方以降の場合

　日中仕事をしている家族にとっては、夕方（夜間）からの会議が良いという人もいます。やはり利用者と家族が参加して自宅で行うことが基本ですから、夕方以降の開催も検討する必要があります。

　しかし、サービス提供事業者にとっては、夕方以降は夕刻のルーティンワークがあったり残業ということになり、鈍い反応を示すこともあります。一方、医師は日中の診療時間を終えた後なので参加しやすいという場合もあります。

日暮れが早くなる冬季などは、移動の際の配慮もしましょう。

土日などの週末開催の場合

　介護者が仕事をしており、平日の担当者会議には参加できないという場合もあります。そのため、土日などの週末に開催する場合も考えられます。最近のサービス提供事業者は、週末や祝日も営業しているところもあります。ただし、公的機関の関係者に集ってもらう場合は、業務時間外ということで参加できないことが多いでしょう。そのため、週末に開催する場合は、参加が難しい関係者にはあらかじめ、必要な情報を照会しておきましょう。

先輩からのアドバイス

　担当者会議そのものにかける時間は、おおよそ30〜60分以内が適当と考えます。それ以上長くなってくると、徐々に集中力が切れてきてしまいます。また、開催する時間帯によっての特徴もでてきます。その特徴をうまく活かして、長くなりすぎずに、有意義な担当者会議を開催しましょう。

08 開催日程の連絡・調整方法

POINT
FAXだけではなく、電話で確認したり
直接手渡しするようにしましょう。

利用者・家族への連絡

　場所と時間が確定できたら、出席者への連絡・調整に入ります。このとき、利用者・家族には、改めてどのようなことを担当者会議で話し合うのかを丁寧に伝えて調整していきます。利用者・家族にとって、専門職が自宅に集まるということは慣れていない経験です。それだけでも、緊張と気遣いをしなくてはならないでしょう。それに加えて、どんなことをするのかわからなければ不安になってしまったり、逆に面倒がってしまう場合もあります。このような気持ちにならないように、ケアマネジャーは担当者会議を開催する意味やその目的をわかりやすく事前に説明する必要があります。

　連絡・調整する際は、口頭だけではなく、ケアプラン原案と一緒に開催日時や会議の内容と目的を、参加者が視覚的にもわかりやすいように、ペーパーを用意して説明・確認しましょう。そうすることで、担当者会議を開催することは自分たちにとって「応援団が集まる」という認識になり、心強い人たちがきてくれるという安心感につながるのです。そのための根回しは、とても重要な事前準備なのです。

サービス提供事業者への連絡

　サービス提供事業者には、担当者会議の目的と検討内容を記した「連絡・調整用紙」（図表2-6）の準備をします。これを用いて「電話とFAX」や「直接手渡し」といった方法で連絡します。

電話とFAXの場合

　電話とFAXを用いて連絡・調整をしていきますが、サービス提供事業者は、日々、大量の資料が送られてきます。そのため、FAXのみでの連絡・調整では、書類の中に埋もれてしまう場合があります。そこで、まずは電話にて、❶担当者会議の連絡・調整をしたい旨を告げ、❷詳細をFAXで送ることを伝えます。その際、❸担当者会議の参加の有無についての返答（返信）もお願いします。そして後日、日程が確定したら、再度確認の連絡をします。

　また、図表2-6にあるように、開催日時については、いくつかの候補をあげ、その中から選んでもらうようにすると調整がしやすくなります。

直接手渡し

　私が最も活用する方法です。「連絡・調整用紙」を持参し、初めての場合は必ず名刺も準備します。窓口で「〇〇居宅介護支援事業所（所属）の△△です。□□さんの担当者会議開催の連絡と参加のお願いにきました」と訪問の趣旨を伝え、取り次いでもらいます。

　訪ねる時間帯は、基本的には昼食時間である12時は避けます。福祉サービス提供施設の場合は、昼食介助などをしており忙しい時間になるからです。逆に、医師は診療を終える時間（午前の診察・診療）が狙い目です。付き合いが長くなり信頼関係ができると、専門職と連絡が取りやすい時間などがわかってきます。そのときをねらっていくことで、より確認がしやすくなるでしょう。また、地域によっては、医師たちが「ケアマネタイム」と称して、連絡方法や時間について周知しているところもありますので、確認して活用していきましょう。

○○○○○デイサービスセンター
生活相談員　○△□○　様

<u>件名：○○○○様のサービス担当者開催候補日のご相談</u>

いつもお世話になっております。○○○○ケアプランセンターの○△□△です。
本日、電話にてご連絡をさせていただきました、○○様のサービス担当者会議について
下記の目的で開催予定しております。

1．担当者会議　開催の目的
　　介護保険認定有効期間満了にあたり、現在の生活状況の確認し、現在と今後のサービス利用
　　内容の確認及び検討について

2．参加予定者
　　○○様／○○様の介護者／○○ヘルパーステーション／○○訪問看護ステーション／
　　○○○○ケアプランセンター

3．開催予定会場と日時
　　▶会場：○○様宅　　　住所　○○町１２３番地　　※敷地内に駐車可能です。
　　▶日時：

　　　『参加可能に○印』をつけていただき、返信をお願いいたします。

参加可能	候補日	時間	備考
	○月○日（月）	13時〜14時	
	○月○日（水）	16時〜17時	
	○月○日（木）	13時〜14時	

　　「候補日」のご都合が合わない場合は、今回の「1．担当者会議　開催の目的」について
　コメントをお書きいただき、お手数ですが、返信をお願いいたします。

コメント

平成○○年○月○日
○○○○ケアプランセンター　　　介護支援専門員　○△□△

FAX　○○○○−○○−○○○○

○○○○ケアプランセンター　　　介護支援専門員　○△□△　行き

専門職への事前連絡・根回しの方法

担当者会議をスムーズに行うためには、専門職への事前連絡・根回しが大切です。根回しといっても、大げさなことではなく、FAXを送る前に電話を1本いれるとか、時間が許せばFAXではなく書類を手渡しし、フェイス トゥ フェイス（face to face）のコミュニケーションを大切にするということです。わずかな配慮かもしれませんが、これがとても重要です。

根回しでは、連絡・調整用紙だけでは盛り込み切れないことを伝えます。例えば、駐車場近隣との留意点、当事者の前では直接話せないこと（話すべきではないこと）を事前に専門職に伝えます。また、文字では伝わりにくいニュアンスのことなども、電話や会って話すことで伝わります。こうしたわずかな配慮をしておくことで、当日の会議がスムーズにすすめられるのです。

先輩からのアドバイス

連絡・調整については、文書だけでは伝え切れない情報を共有することが重要であることを押さえておきましょう。開催日時調整の際、たんに文書をFAXやメールで送るだけでは伝わらない情報もあります。一手間かけることが、より有益な担当者会議の実現になるのです。「文書」＋「一言メッセージ」を面と向かって伝える工夫をしてみましょう。フェイス トゥ フェイスのコミュニケーションは、人と人との有効なつながりを育んでいくための基本です。

2

サービス担当者会議の準備と段取り

当日配布する資料は
事前に出席者に渡しておく

　ケアプラン原案（第1表・第2表・第3表）などの当日配布する資料は、可能な範囲で事前に利用者や家族、関係者に渡しおくとよいでしょう。この時点では、あくまでも原案であって確定したケアプランではありません。担当者会議で検討・確認する項目を記載しておきますが、番号を活用（箇条書き）することで簡潔でわかりやすい表現になります。

　また、初回の担当者会議や新たなサービス提供事業者が加わるときなどには、相関関係図（図表2-7）や色分けした週間計画票第3表を準備しておくと視覚的に理解できるのでよいでしょう。

図表2-7　相関関係図の例

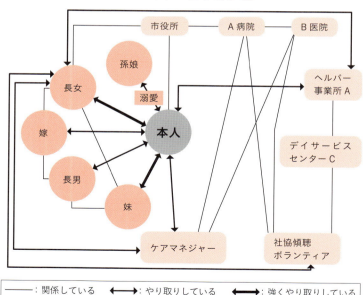

エコマップ　日本花子 様

サービス担当者会議
当日の流れ

3

CONTENTS

01 | サービス担当者会議 進行の基本的な流れ

POINT
基本的な流れを把握し、
要点をおさえて進行することを心がけます。
そのために、会議の内容と時間配分を
意識するようにしましょう。

　サービス担当者会議（以下、担当者会議）は、ケアマネジャーが召集し、司会進行を行います。会議の進行役を担うことは、駆け出しケアマネジャーにとっては緊張することでしょう。しかし、この緊張感は、あなたの誠実さから湧いてでる良い傾向です。自分の緊張感と向き合いつつ、緊張で頭の中が真っ白になってしまわないように要点をおさえてすすめていきます。

当日の基本的な流れを理解する

　会議は、基本的には図表3-1のような流れですすめます。開始前後のあいさつや自己紹介を除くと、4つの構成（❶担当者会議の目的とケアプラン原案等の説明、❷発言1、❸発言2、❹まとめ・課題などの確認）になります。

　まずは、❶担当者会議の目的を伝え、ケアプラン原案などを参加者に説明します。この説明を受け、次に主役である利用者や家族から自分たちの状況説明などを話してもらいます（❷発言1）。ただし、利用者や家族は緊張や慣れないことから、まとまりのない発言になることもありますので、ケアマネジャーが合いの手を入れることも必要です。続いて、各専門職に専門的な見地から意見を述べてもらいます（❸発言2）。これらを踏まえて、❹まとめと残された課題などの確認になります。

　まとめでは、専門職からの発言と利用者・家族の思いを交えて、これからの支

図表3-1 サービス担当者会議の基本的な流れ

		内容	時間
	1	あいさつ	1〜2分程度
	2	参加者の自己紹介と相互確認	各自1分程度
❶	3	会議の目的・テーマなどを説明	2〜3分
❶	4	ケアプラン原案の説明と検討事項の共有	5〜10分
❷	5	発言1　利用者や家族	5分程度
❸	6	発言2　各専門職	各自3〜5分程度
❹	7	まとめ　結論・支援者の役割分担や連携方法の確認	5分程度
❹	8	残された検討課題などの確認	3分程度
	9	発言3　感想を含めた利用者や家族	3〜5分程度
	10	次回の開催時期の確認	1分程度
	11	利用者や家族、参加者への御礼とあいさつ	1〜2分程度

援についてわかりやすく簡潔に伝えて、参加者の確認を得るようにします。このとき、すぐに対応策が出せない場合や経過をみていかなくてはわからない課題があった場合は、記録票などに残しておきます（詳しくは第4章**03**、**04**で解説）。

　限られた時間ですすめていく会議ですので、ケアマネジャーは会議の時間配分も気にしなければなりません。自己紹介を一通り終えた後に、時間配分について事前に説明しておくことで、意図的に参加者に対して、会議時間を意識してもらえるように働きかけます。

先輩からのアドバイス

　基本的な流れの前後も重要になります。つまり、「開始前の雰囲気づくり」から「会議終了後のアフターフォロー」までを含めて、担当者会議の当日の流れと考えることが重要です。

　特にあいさつは重要です。会議は「あいさつに始まり、あいさつで終わる」と言えます。会議の開催は、次の支援に向けてみんなで協働していくための大切な機会です。だからこそ、ケアマネジャーが自らすすんで集ってくれた人たちに気持ちを込めたあいさつをしましょう。このようなあいさつをされると、緊張していた参加者の気持ちもほぐれ、会議の雰囲気づくりにつながります。

02 ｜ 開始前の雰囲気づくり

POINT
サービス担当者会議は、
一にも二にも雰囲気づくりからです。
雰囲気づくりのためにも、ほかの専門職等よりも
先に会場に入るようにします。

利用者や家族の緊張をほぐす

　ケアマネジャーは、会議開始のおおよそ10分前には会場に入るよう心がけ、ほかのサービス提供事業者よりも遅れて登場することのないようにします。

　基本的に会議の開催場所は、利用者宅になることから、先に行って天候の話や最近の調子などを話題にしながら、利用者や家族の緊張感をほぐしていきます。

　家族によっては慌ただしくお茶出しの準備をしている場合もあります。このようなときにも、気づかいに感謝しながら、無理をしないように伝えていくことが大切です。ときには帰りがけにお土産を用意してくださっている家族もいますが、相手の気持ちに配慮して丁寧にお断りしましょう。「私たちはそういった物はいただけません」というような杓子定規な言い方にならないように注意してください。

座る位置の配慮

　参加者それぞれが主体的な意見が述べられる雰囲気をつくるために、座る位置にも配慮します。ケアマネジャーが最初に会場入りする理由はここにもあります。誰がどこに座るかということを想定しておき、参加者が順次集まってきたら、さりげなく座る位置へ誘導しましょう。

　ケアマネジャーの座る位置は、必ず利用者や家族の側で、表情や様子をうかが

えるようにします。専門職が座る位置は、できる限り同業種が近くになるようにします。例えば、医療的な話を確認するときは、医師と訪問看護師が隣同士の方が話をしやすくなるからです。

会議時間の配慮

次に雰囲気づくりに欠かせないのは、会議時間への配慮です。会議はおおよそ30〜60分で行います。この時間内で無駄なくすすめていかなければなりません。時間配分を考えていないと、後半になるにつれ時間が足りなくなり、焦って会議をすすめてしまいます。その結果、「会議を行った」という既成事実のみになってしまう……ということにもなりかねません。それを避けるために、会議の流れ

ケアマネジャーが利用者や家族の側に座り、表情や様子を観察したり、発言をサポートします。専門職は同業種を近くにし、確認・相談しやすくします。

（予定時間）を予め伝え、「本日の会議は○時○分に終了する予定ですので、どうぞよろしくお願いします」と終了時刻の目安を告げ、時間配分に協力を求めることも忘れずにしましょう。

時間厳守ですすめていくことは、参加者が緊張を保っていこうとする一つの目安になります。特に利用者や家族にとって、大勢の専門職が集う場での気づかいは、かなりのものです。所要時間を提示されることで、気持ち的にも「この時間だけは集中しよう」と考えられ、意欲的に会議に臨むことができます。一方、専門職にとってもダラダラとした進行の会議は、疲労感だけが残り集中しにくくなります。時間内に効率よく会議をすすめるために、ケアマネジャーは会議内容の要点を絞り、所要時間30～60分を目安に進行していくシミュレーションが必要です。

また、開始前の時間を有効に活用するために、会議で使用する資料を事前配布しておくと良いでしょう。具体的には、会議の次第（タイムスケジュール）（図表3‐2）や関係資料（検討・確認する項目や利用者にかかわっている関係者の相関図など）を郵便やFAX、電子メールなどで送付しておきます。

関係資料には、ページや番号を見やすく付しておきます。資料の説明をするとき、どの資料のどの箇所を説明しているのかをわかりやすくする配慮です。ファイルなどに綴じてくるケアマネジャーもいますが、経費と手間を考え、無理のないように準備をしてください。

ケアマネジャーはほかの専門職より先に会場入りし、雰囲気づくりの準備をします。最初に会議の目的や流れ、終了時間を伝えると参加者は会議全体のイメージがわかり、集中して参加しやすくなります。特に専門職にとっては、ほかの仕事とのスケジュール調整もしやすくなります。

まとめ

図表3-2 「会議の次第」の例

○○○○様　**サービス担当者会議次第**

日時：平成○○年○月○日

13時～14時

会場：○○○

1．会議の目的

在宅療養していくため必要な支援内容の確認（13：00～13：05）

※別添「ケアプラン原案」参照

2．参加メンバー紹介（13：05～13：10）

○○○○（本人）・○○○○（介護者）・○○医師（○○医院）

○○看護師（○○訪問看護ST）・○○○○（介護用具）・○○○○（担当ケアマネ）

3．議題

（1）現在の心身状態の確認（13：10～13：25）

（2）現在の支援内容の確認（13：25～13：40）

（3）その他（13：40～13：50）

4．まとめ（13：50～14：00）

次回の開催予定時期　　○○年○○月頃

※話し合いが必要な場合は、この時期より前に行うこともあります。

03 | 参加者の相互確認

POINT
まずは顔見知りになることからスタートです。
顔が見えると、お互いの役割について理解でき、
会議の進行に大きく作用します。

自己紹介と相互確認

担当者会議を始めるにあたり、参加者に自己紹介してもらいます。特に初対面のときには、お互いを知るためにも必要な確認作業です。ただし、初回以降ですでに顔なじみになっている場合は、省略して進行していきましょう。毎回、自己紹介を行うケアマネジャーもいますが、時間は有限ですので効率的にすすめるようにします。

一方、参加者の相互確認という意味で、ケアマネジャーは各々のサービス提供事業者がこの支援体制の中でどのような役割を担っているのかを紹介します。支援体制の全体を把握しているケアマネジャーが説明することで、サービス提供事業者同士の理解も深まり、今後の連携もとりやすくなります。

利用者の状態に配慮した相互確認

担当者会議は「本人主体」が原則です。また、お互いの役割を理解し合うためにも、「相互確認」は重要ですが、利用者の状態によっては、臨機応変に行っていく必要があります。

認知症で調子が不安定な人の場合

認知症で調子が不安定な人の場合、突然多くの人が集まってくると、興奮気味

になってしまうことがあります。このような状況では、一同が集まったところで、「相互確認をしましょう」とはいきません。認知症の方の場合は、会議そのものが大きな刺激になり、不安定さを助長させないような配慮が大切です。

このようなケースの担当者会議は、まるで潮の満ち引きのようなイメージで集まり、さりげなく互いに確認しあうという方法をとるとよいでしょう。ケアマネジャーは、会議を始める前の準備の段階で、時間差で少しずつ集ってくるように事前に参加者に告げておきます。少しずつ人が増えてくることで、本人にとっては急激な場面変化にならず、刺激を減らすことができます。事前に、この会議の目的、検討したい支援の方法、各々の事業者にお願いしたい点なども伝えておき、調整（資料配付）しておくことで、その場では、利用者が安心できるように話しかける雰囲気で、簡単な確認で済ますことができます。

こうした配慮の中、担当者会議に集ってきた関係者は、まるで知り合いの家にお茶飲みの人たちが集って、世間話をしているような雰囲気を出していきます。このような方法をとることで、改めて自宅で生活している利用者の様子を観察することもでき、サービスを提供する専門職たちが利用者の日常生活について、共通理解を持てる機会にもなります。

そして、会議を終えるときにも、まとめや次回の確認などはさりげなく行い、参加者は一人ずつ潮が引いていくようにその場所から離れていきます。最後に残るのは、ケアマネジャーになります。参加者が去った後の利用者の様子もしっかり観察しましょう。具体的なやりとりは、第5章**04**の逐語録を参考にしてください。

難病や末期がんなどの人の場合

自分の体調は、自分が一番理解しています。ケアマネジャーは事前に利用者から調子が安定する時間を聞くなどして、できる限り利用者が参加しやすい時間帯で会議を設定します。

夕方や夜間の会議では、1日の疲れや心労なども影響しますし、夕暮れから気持ちが落ち込んでしまう人もいますので、日中の明るい時間に設定することをおすすめします。それでも本人の負担が大きいと感じられる場合は、話し合う内容にもよりますが、家族と専門職だけで会議を行うという判断も必要です。

また、本人の病態認識によって確認できる内容も変わってきます。緩和ケアやターミナルについて、関係者間で具体的な役割を確認する必要がでてきますが、本人と共にその確認をするときには、気持ちや体調にさらなる配慮が必要です。利用者の心身に負担をかけ過ぎないように、短時間で検討して、支援内容を確認するようにします。

リスクマネジメントの視点からの相互確認

生活支援の場では、リスクマネジメントをとっておく必要があります。それは、利用者や家族だけではなく、かかわる専門職にとっても安心して生活支援に携わるためでもあります。関係者が集まる担当者会議で、連絡方法を確認しておくこ

とをおすすめします。

通常の連絡方法と対応

　平素から利用者や家族に連絡をする場合の連絡先や方法を確認しておきます。通常のサービスの流れの中で、ちょっとした連絡や調整が必要になったときの電話番号や、電話がつながる時間、連絡方法の希望などをうかがっておきます。

　また、サービス提供事業者（デイサービスなど）によっては、「連絡帳」「サービス提供記録票」といった物を用意して、提供したサービス内容を記録と共に利用者や家族に伝えることもあります。そのため、この連絡ツールを利用者や家族の状況を考慮して、どのように扱い連絡をとっていくのか確認が必要です。

緊急の連絡方法と対応

　利用者が急変した場合の連絡方法を確認しておきます。急変はいつ起こるかわかりません。急変時の緊急連絡先と連絡の優先順位を決めておきます。また、ターミナルを迎えている利用者の場合は、専門職同士の連絡方法も確認しておくことで、より一層、円滑な連携が図れます。

先輩からのアドバイス

　利用者や家族と専門職を調整する際、「何か起きたらすぐにケアマネジャーに連絡する」という連絡系統では、緊急時の対応は追いつきません。例えば、ターミナルケアを在宅で行っている場合、急変時のファーストコールは訪問看護にしておくとよいでしょう。ここにケアマネジャーが入ってしまうことで、医療機関への連絡が遅くなってしまうおそれがあります。あくまでも、利用者やその家族の状況を確認して、緊急対応に備えましょう。

04 | 目的の提示と意見確認

ケアプランの原案の説明と検討事項の共有

　参加者の紹介、相互確認の後は、いよいよ会議の本題に入っていきます。会議の目的を提示し、利用者の意見を確認していきます。会議の基本的な流れ（図表3-1）のなかでは、「4 ケアプラン原案の説明と検討事項の共有」をすすめていく過程になります。

　配布した「会議の次第」（図表3-2）を活用して、速やかにケアプラン原案を踏まえ会議の目的を説明します。そして、検討・確認する内容（議題）について進行をしていきます。この内容については、関係者に前もって周知して根回ししていることから、焦らず滑舌よく伝えましょう。

　実際に検討・確認をすすめていくには、専門用語やわかりにくい表現は使わないようにし、利用者や家族でもわかる言葉を使って説明することが大切です。このような配慮は、誰もが状況やサービス内容を理解し、それによって前向きな発言が増え、参加者同士がお互いの意見に共鳴しあえるような進行を可能にさせます。

意見確認の順番は利用者・家族から

意見は会議の主人公である利用者・家族から話してもらう

会議の目的やケアプラン原案などの説明後は、参加者に発言を求めていきます。ケアマネジャーによっては、「デイサービスではどうですか？」「ショートステイではどうですか？」というように、サービス提供事業者に意見を求める人がいます。ですが、基本的には会議の主人公である利用者・家族から話してもらいましょう。時間の制約はありますが、当事者の自由な発言から、私たち専門職が気づかなかった面（ストレングス）を知ることになり、結果として主体性を活かした支援の実現につながります。ただし、利用者や家族の発言は、若干趣旨とずれる内容になることもあるかもしれません。そのときには、ケアマネジャーが本題にもどすサポートをすることも必要です。

また、認知症の人などを介護する家族は、本人が気にしてしまうようなことをストレートに表現する場合があります。それがきっかけで、不穏な雰囲気になってしまうこともあるので、フォローを入れたり、利用者の様子に気を配りましょう。

専門職は医療職→介護職の順で発言してもらう

次に身体に関することを医療専門職に発言してもらいます。なぜ医療職から発言してもらうかというと、緊急対応で退席してしまうことがあるからです。

ケアマネジャーは専門職の発言を利用者や家族がどのように聞いているか、表情や様子を観察します。専門職の言葉は、励ましにもなりますが、ときには誤解を与えてしまうことがあります。そしてそれは、利用者や家族の表情に表れます。この心の動きをつぶさに観察し、ケアマネジャーが必要に応じてフォローや追加の説明・確認を加えることにより、利用者・家族とサービス提供事業者が良好な関係を築いていけるように働きかけていきます。こうしたこともケアマネジャーの大切な役割です。

追加意見がないか確認する

　会議の進行がスムーズで時間的に余裕があれば、参加者に追加意見がないか、支援内容に再度調整が必要なことはないかなどを再確認しましょう。発言の少なかった方に、意見や疑問がないか、発言を促すのもよいでしょう。こうすることで、参加者全員が会議の内容をより明確に理解できますし、参加した充実感を得ることができます。

聞き上手になる

「アクティブリスニング」のポイント

　多くの有効な発言をしてもらうためにも、会議の進行役であるケアマネジャーが聞き上手になることが大切です。相手が心を開き、もっと話したいと思うような聞き方に「アクティブリスニング」という方法があります。

　「アクティブリスニング」は「積極的傾聴」という意味で、注意深く相手の話を聴いている姿勢を言葉と態度で積極的に表していくことで、相手が話しやすい状況をつくっていきます。

　ケアマネジャーは生活支援の専門職として、利用者や家族に対して何か的確なアドバイスをしなければとか、何か情報を与えなければいけないなどと考えがちです。しかし、ときには利用者や家族は「しっかりと話しを聴いてもらえた」「自分の気持ちを理解してもらえた」と感じることが、心の支えになるのです。

「アクティブリスニング」のメリット

　アクティブリスニングのメリットは、次のように言われています。

・積極的に聴いていることをアピールできる
・「よく聴いてくれる」という安心感を与えることができる
・確認しながら聴くので、間違いや行き違いが減る
・自分の集中力をアップできる
・話し手に考える間を与えるので、おだやかに話し合える

「アクティブリスニング」の姿勢

　腕組みや足組みは絶対にしてはいけません。こうした仕草は、相手に対して防衛や拒絶のサインになってしまいます。ペンを回したり、髪に手をやるなどの細かな癖も、相手に落ち着かない雰囲気を与え、居心地の悪さが伝わってしまいます。距離感の感じ方は人それぞれですが、面と向かって話しをすることに威圧感を覚えてしまう人もいます。相手の動作を観察して、心地良い距離感をはかっていけるようにしましょう。

「アクティブリスニング」の伝え方

　声のトーンを相手に合わせていくことが大切です。利用者や家族が声高に現状の不満や大変さを表現したとします。それに対してケアマネジャーが冷静に落ち着いた声のトーンで相づちを打ったら、相手はどのように感じるでしょうか。声高に自分の感情を表したことに否定的な態度をとられたと感じてしまうでしょう。そして、感情を自然に表しにくくなってしまいます。

　また、相づちの打ち方もいろいろです。「うん、うん」と何度もうなづくだけだと、相手に「本当にわかっているの?」「うん、うん言っているだけでしょ」と思わせてしまいます。そのように思われないために、相手の目を見て、気持ちに共感し、ときには繰り返し(「○○なんですね」)を織り交ぜながら聞くようにしましょう。

　アクティブリスニングは、利用者や家族だけではなく、さまざまな関係者からヒヤリングをするときにも、役に立つでしょう。

説明と同時に意見を述べやすい雰囲気をつくっていくことが大切です。そして、常に自分の発言や態度が相手にどのような印象を与えるかを考えて行動しましょう。
その際、利用者や家族に誤解を与えないよう、わかりやすい言葉や表現で会話をしていくことも心がけましょう。

まとめ

05 | サービス担当者会議の まとめ

POINT

会議のまとめでは、話し合われた
支援内容を明確化して再確認し
お互いの役割の理解を深めましょう。

役割分担と連携方法の確認・課題

どのような会議でも、会議の締めくくりがきっちりとできることで、参加して良かったという気持ちになります。そこで、担当者会議で予定していた内容の意見交換ができ、それぞれの思いや考えが出つくしたところで、まとめに入らなくてはなりません。この段階のすすめ方の一例をあげます。

❶開催した担当者会議の目的を再度、参加者に伝える

話し合った内容について、参加者と再確認します。

❷話し合った結果を簡潔に伝える

参加者によっては、うっかり聞き漏らしている場合もあります。そのため、再度、結果の確認をします。

❸結果をもとに、参加者が担う役割の確認をする

各自が行う内容を確認することで、各自の責任の明確化を図るとともに、お互いの役割の理解を深めます。

❹支援をしていく際の連携方法や連絡の確認をする

目的に即した支援を実施していくために、関係者同士の円滑な連携を図ってい

く方法について、再度確認し、参加者に周知をします。また、今後サービス提供をしていくなかで、微調整や状況確認・状況報告をどのようにするか、その連絡方法を確認しておくことでサービス提供がより効果的になることがあります。一般的には、緊急連絡先の優先順位の確認。サービスの微調整や利用者の状態についての変化、その際の対応方法の確認、連絡手順です。生命にかかわる緊急連絡の場合は、医療関係先を最優先していきます。そのほかの微調整や生活状況などの確認については、ケアマネジャーに直接する場合や、サービス提供事業者同士で連絡をしていくということになります。

❺「残された課題」への対応

　会議の結果、その場では解決できない課題がでてくることがあります。その際は、内容に応じて担当する人とケアマネジャーが引き続き、利用者の状況を踏まえながら検討していくことにします。「サービス担当者会議の記録表」に残しておき、「サービス担当者会議の要点（第4表）」にも記入します（第4章**03**参照）。

（縦書き）**3** サービス担当者会議当日の流れ

利用者や家族の感想

　担当者会議の最後には、主役である利用者や家族の感想を確認します。その日、さまざまな意見交換や対策について話し合うことで、利用者や家族にとって多くの気づきや感想がわいています。その声を会議の締めくくりに関係者と共有することで、サービス提供事業者のモチベーション向上になります。

次回の開催時期と参加者への御礼

　担当者会議を終えるときには、次回の開催時期などの事務的な連絡を参加者に告げます。この際、具体的な日時を伝えなくてもかまいません。大まかな時期や変化があった場合という程度です。そうすることで参加者にとっては、取り組んでいくための時間的な目安になります。

　そして、担当者会議の閉会では、利用者や家族に会場提供などの御礼、参加した関係者にも一緒に話し合ってくれた御礼の気持ちを伝えて、気持ち良く担当者会議を終えましょう。

先輩からのアドバイス

　締めくくりを気持ち良く仕上げていくことで、利用者や家族が次回もぜひ開催してほしいという気持ちを抱いてくれます。また、参加したサービス提供事業者にとっても有意義な担当者会議になったことで、より一層、日々の支援に気持ちが入っていくことになります。そのためには、話し合った内容と役割分担の確認、そして感謝の気持ちを伝い合って、会議を締めくくりましょう。

サービス担当者会議の実施後

4

CONTENTS

01 利用者と家族の意見を確認する

POINT
会議終了直後に利用者と家族の意見や様子を
確認することで、会議の場では話せなかった
ことや思いを聴くことができます。
この思い受け止めてケアプランをつくりましょう。

初心忘るべからず

　無事にサービス担当者会議（以下、担当者会議）を終え、ホッと一息つきたい
ですね。本当にお疲れ様でした。特に初めて一人で担当者会議を行った新米ケア
マネジャーには、これまで先輩ケアマネの進行をみていたときと、実際に自分で
やってみるのとでは、イメージ通りにいかず、大変さを実感したと思います。

　そのような中で、利用者や家族が何気ないねぎらいの言葉をかけてくれたり、
笑顔を見せてくれると、気持ちがほぐれたと思います。まだまだ頼りないところ
はあっても、とにかく一所懸命に担当者会議を行い、これからも利用者や家族の
ために頑張っていこうと思えたかもしれません。この初心を大切にしてください。
回数を重ねて慣れてくると、気づかないうちに我流の担当者会議を実施してしま
います。そして、利用者や家族の主体性を尊重していたはずが、いつの間にか自
分たち支援者側の立ち位置で会議をすすめてしまう傾向になりがちです。そうな
らないように、初心を忘れないようにしましょう。

　一人ひとりの利用者ごとに行う担当者会議は、単純に事務的には行えません。
担当者会議は利用者を中心に、その家族ができる限り納得できる生活を実現して
いくために、生活支援を検討する機会なのです。そして、サービス提供事業者で
ある専門職にとっても、自分たちの存在を有効に活用してもらえるように検討し
調整する場がこの会議なのです。

会議終了後の確認

　参加者から出された意見や確認事項は、記憶が鮮明なうちにまとめましょう。そのためにも、会議終了後の確認はかかせません。担当者会議で検討・確認できたことを実際の支援に活かしていけるよう、会議終了後に本人や家族に対して行うべきことを紹介します。

会議終了直後

　まずは、会議終了直後です。サービス提供事業者が帰った後の利用者や家族の様子を観察し、意見や感想などをうかがいます。その上で、これから利用していくサービス内容について、再確認します。

　通常、担当者会議は利用者・家族の意見や状態を中心にすすめますが、会議中には言えなかったことや、その場では失念してしまい、伝えられなかったことがでてきます。例えば、サービス利用回数、利用日、時間の変更や利用するときに用意する物などは、意外にその場では確認できずに、後から聞いてくることが多

会議直後の利用者や家族への確認の聞き方

例

> 今日の会議は、どうでしたか？

> 話し合われた内容で、今後すすめていきますが、ほかに思いついたことはありますか？

> ほかに気になることはありませんでしたか？

> もし、迷われることがありましたら、少し考えてみてください。そして、後日、改めてご意見を聞かせてください。

等々

いことです。また、初対面のサービス提供事業者との相性について、不安を抱くこともあります。

このように、会議後に新たな意見が出てくるのは当然のことです。こうした意見は、その場で結論を出すのは禁物です。いったん受け止めて、やや時間をおいて確認していきましょう。

会議終了の翌日以降

会議の翌日、あるいは数日経ってからの確認です。初回や、状態・状況の変化による変更時の担当者会議などは、「何のサービスをどのように利用することになった」というような結果を出したくなります。できる限りテキパキと提供するサービスを決定して、次にすすんでいきたいと思ってしまいがちです。そのようにテキパキ仕事をすすめていけるのが「できるケアマネ」だと思うかもしれません。

しかし、気をつけなくてはならないのは、利用者や家族の意見確認を急いでしまったことで、後日、「やっぱり、やらなければよかった」「こんなはずではなかった」など、ネガティブな意見が届いてしまうことです。会議では、「○○サービスを利用してみる」ということを確認できたはずなのに、その後、いざ利用開始の段になって、「何曜日と、何曜日は予定が入っているから……」など、いろいろな理由をつけては、利用に後ろ向きな反応を見せることもあります。このようなとき、ケアマネジャーは「ここまでいろいろやってきたのに……」と、何とも言いようのない脱力感を感じたり、「何とか行ってもらわないと困ります」と利用に向けてなかば説得のようなかかわりをしてしまうかもしれません。

自己決定の尊重とは

サービス利用を開始するにあたって、利用者と家族の自己決定を尊重しなければいけないことは、専門職として当然承知しているはずのことです。では、その尊重すべき「自己決定」とはどのようなものでしょうか。言葉で「○○したい」「○○します」と表現したのだから、自己決定したのだと、考えてしまってよいものでしょうか。

　自己決定の尊重とは、決められない、迷っている、どうしたらよいのか考えられない、そのような状態を理解して、支援の方法を考えていくことです。利用者や家族のそのような状態にこそ、生活支援の専門職として、ケアマネジャーが取り組むべき重要な課題が隠れているのです。ケアマネジャーとしては、ほかにも仕事を抱えていると、つい、先走って事を進めたくなるかもしれません。でも、そんなときにこそ、「生活支援の専門職として、ケアマネジャーの役割とは……」と振り返ってみることが大切です。改めて、サービス提供事業者には、利用者と家族の状況や思いを伝え、サービス利用の意思決定を利用者や家族に確認してから、利用開始という運びになるように調整していきましょう。

　ただし、利用者や家族の心身状態によっては、自分たちの状態を客観的にみられず、適切な判断をすることが難しい場合があります。そのようなときは、「お試しに、1回利用してみてはどうでしょうか」と、試験的に利用してから判断をするという方法を提案することも必要です。特に、介護に没頭して精神的に疲労している介護者などが悲観的になっていて、物事の捉え方に偏った言動がある場合は、やはり第三者(サービス提供事業所等)の協力を得ておくことで、痛ましい出来事にならないように支援していくこともケアマネジャーの大切な役割です。

先輩からのアドバイス

　担当者会議の終了後に再度、本人・家族から意見を確認します。たとえ会議中には出なかった否定的な意見が出されても、それを受け止め、調整していくことが真の利用者本位、自立支援につながります。私たちケアマネジャーは、利用者やその家族のよき理解者であり、応援者なのです。

02 | 専門職の意見を確認する

POINT

専門職にも、再度気になったことや意見を
確認し、新たな気づきや支援の提供方法の
提案につなげます。

会議終了当日の確認

　会議終了後、会場を離れてすぐに専門職同士で話し合われた内容を再確認しなければならない場合があります。会議実施前の段階では、ケアマネジャーとサービス提供事業者だけで確認作業をしていましたが、実際に利用者・家族と会い、生活の場で検討したことで、新たな気づきが生じることがあるからです。

　本来ならば、会議の場で確認すべきですが、内容によっては話題にできないこともありますし、利用者や家族の反応が釈然としない場合などは、その場では話題にせず、別の場所で再確認・再検討してから支援をすすめていくのが良いこともあります。

　例えば、サービス利用を開始して1年が経過した母親と介護する息子との二人暮らしの担当者会議を開催したときのことです。日々、献身的な介護をしている息子でしたが、最近、仕事が忙しいのか母親の身の回りの世話がおろそかになっている様子が自宅内の状況からわかりました。利用者宅で担当者会議を行ったからこそ、几帳面に介護してきたこれまでとの状況の変化が見て取れました。それにもかかわらず、会議では、通所介護を週1回のみで続けていくという結論になったのです。

　このように、「このままで良いのか？」とケアマネジャーとして懸念してしまうときがあります。私たちの支援は、利用者だけではなく、介護者である家族の変化に考慮した対応も大切です。しかし、担当者会議の場で、これ以上の確認や積

極的な促しが難しい雰囲気が生じることがあります。

　このような場合は、会議終了後に確認ができるようにサービス提供事業者に、さりげなく伝えておきます。ただし、会議会場以外の場所での話しになりますので、個人情報漏洩にならないよう注意が必要です。例えば、車両を駐車できる場に移動し、車中で改めて状況の確認と対応策を話したり、最寄りの地域包括支援センターなどの公的な落ち着いて話ができる場を活用するのも良いでしょう。「後で」とは言わず、早めの確認が次のより良い手立てにつながっていくことになります。

　なお、この事例の場合は、介護者の息子が母親の介護に、徐々に疲労感が現れてきているのではないかという点を、サービス提供事業者と確認し、1〜2ヶ月の期間を定めサービス利用時の様子の変化に注意を払いながら、親子の経過観察していくことにしました。日々のサービスを利用したか否かだけをみていくので

はなく、利用時の様子を注意深く観察していくことが、さらなる質の高いサポートにつながっていきます。期間を定めていつも以上に注意して観察していくことで、利用者やその家族の状況の変化に気づくだけではなく、その変化の要因を推察することもでき、速やかな対応に活かすことになるのです。この親子の場合は、日中のさりげない見守りや声かけをしてくれている近隣の協力者がいることがわかりました。協力者の話では、昔、自分が苦労したときに、利用者が気にかけ、ねぎらいの言葉をかけてくれたり、手づくりの煮物などを差し入れてくれたそうです。このように担当者会議を有効に活用することで、利用者が築いてきたこれまでの関係性から、有効なサポートの資源を発見し、支援に活かしていくこともできるのです。

翌日以降の確認

サービス提供事業者の場合

　話し合いのなかで、その場での確定が難しく、再度、確認しなくてはならないことが出てきたときには、後日確認して連絡します。例えば、担当者会議の場で利用者や家族から新たなサービス利用の希望が出たとします。しかし、サービス提供事業者もスタッフのシフトや空き状況を確認した上でないと即答できません。このようなときは、サービス提供事業者と改めて連絡する方法を確認しておきましょう。

主治医の場合

　担当者会議のなかで、新たな疾患の可能性があり、検査をしていた方がよいのではないかとなった場合、検査日を予約しなければなりません。担当者会議に主治医が参加しているときは、いつ、どのような方法で予約をしたらよいかということを会議の場で話しておきましょう。そうすることで、後日の対応がスムーズにできます。

　主治医が参加していない場合は、二つの方法で主治医に利用者の気になる身体の相談などを働きかけることができます。一つは、担当者会議の結果報告やケアプランを主治医に届けたときに、会議で話し合われた内容の報告と利用者や家族

が気にしていた身体的なことについて相談する方法です。すると、利用者が外来を受診したとき改めて確認し、状況に応じて検査を行うなど、主治医にとっても迅速に対応できる機会になるでしょう。

もう一つは、利用者の受診日が近日中にある場合は、直接主治医に相談してもらいましょう。ただし、利用者や家族が主治医に適切に状態を伝えられないことも考えられます。できるかぎり適切に伝えるためにも、可能であればケアマネジャーが同席して説明したり、最近気になることなどをメモ書きにして、主治医や外来の受付に渡して、状況を伝えていくことも必要です。

いずれにしても、専門職のサポートも必要ですが、当事者である利用者やサポートする家族が伝えていくことが重要になってきます。

確認は1週間以内に行う

こうした後日の確認・対応は、内容にもよりますが、遅くとも1週間以内に行います。なぜなら、利用者へのサービス開始が滞ってしまう恐れがあるからです。日常生活は止まることなくすすんでいきます。そのなかで生じている生活の支障をできるだけ早く解消しなければならないからです。

利用者の生活環境のなかで行う担当者会議だからこそ、改めて再確認しなければならない事柄が生じます。会議中に確認できない内容は、終了後に場を移して確認しましょう。
そして、再確認が必要な内容でも、1週間以内には検討し、サービスの利用開始が遅れないようにします。

まとめ

03 | 会議の記録と整理

> **POINT**
> 会議中は聴くことに集中できるように
> 記録の仕方を工夫しましょう。

　会議で検討された内容や発言は記録しておき、ケアプランなどに反映します。そのため、正確に記録することが大切です。しかし、参加者の発言をすべて記録するのは到底不可能ですし、記録に夢中になり進行役がおろそかになったり、話し合いを深められなければ本末転倒です。ICレコーダーを用いる人もいますが、録音されることは、利用者だけではなく専門職にも変な緊張感を与えてしまいます。

　そこで、会議の記録は発言があったことや検討したことを簡潔な表現で整理するようにします。会議中にメモしたことを図表4-1のような「サービス担当者会議の記録表」を用いて整理します。これは参加者に配布する物ではなく、自分の記録やケアプランを立てる際の思考の整理のために使う表です。

サービス担当者会議の要点（第4表）の書き方

　ここからは、利用者やその家族が安心して生活を継続していくために必要なケアプランを仕上げる大詰めの段階になります。図表4-1「サービス担当者会議の記録表」などを元に、「サービス担当者会議の要点（第4表）」（図表4-2）の項目に落とし込みながら、整理していきます。この作業により、参加者の意見がより効果的に活かされます。また、記録は参加者全員にとってわかりやすい言葉を使ってまとめるように心がけましょう。専門用語をひかえ、利用者や家族が理解できる言葉に変換していくことがポイントです。

図表4-1 サービス担当者会議の記録表　記入例

サービス担当者会議の記録表

利用者名：○○○○　　　　　　　　会　場：○○○○様宅

開 催 日：平成　○○年　○○月　○○日　　開催時間：　13:00　～　14:00

1. 会議出席者
本人・介護者　妻・○○医師（主治医）・○○看護師（○○ステーション）○○○○（福祉用具）・○○○○（担当ケアマネ）

2. 会議の目的
退院半年を過ぎた心身状態の確認と在宅生活の状況を勘案した今後の支援内容を再確認し、検討する。

3. 検討した項目

検討した項目	メモ
（1）現在の心身状態の確認 　退院して半年経過し、心身状態の様子と生活状況を確認する。 ●本人は「今は、だいぶ良くなってきている」と話す。家族としては、もう少し体力をつけて欲しいという。 ●主治医からは、肺機能の状態も液体酸素装置を使い良好で、この調子でとのこと。 ●看護師は、本人の調子から簡単な機能訓練をしてきている。ただ、介護者に疲労感がみられる気がする。	本人は今の生活について満足していると話す。家族の様子は、やや疲労感がみられている。 確かに、体力は回復してきたが……。看護師からの意見も気にしていくことが必要！？
（2）現在の支援内容の確認 　在宅生活を安心して営んでいくために利用している支援サービスのマッチングについて確認する。 ●今のままで良いと本人は話す。ベッドは楽ですねとも言う。 ●介護者は、通いながらのリハビリは、どうかと話す。ややふらつきなどもあることを懸念している。→主治医は、デイケア利用に問題ないと話す。 　今のサービス利用は継続。	家族は、通所リハビリを希望している。本人の顔は曇っているが、何か外に出て行くことに対して本人の懸念材料がある？
（3）その他 　本人や家族から気になることについての確認 ●デイケア利用については、この1～3ヶ月の間に体力と気持ちの面を踏まえて、考えていくことを提案。	液体酸素装置をつけている姿を気にしているかも？

4. 結論
本人の体力も退院後、徐々に回復している。往診から通院に変わって、より体力の回復がわかる。そのため、現在の訪問看護や福祉用具を利用して経過をみていくことにする。

5. 残された課題
介護者が希望していた通所リハビリについては、この1～3ヶ月の経過をモニタリングしながら、本人と介護者の思いのズレを丁寧にみていくことにする。退院し、在宅酸素療法という慣れない状況が、本人にとってはまだ受け入れにくい面もあるかもしれない。

6. 次回開催時期
次回の開催予定時期　　○○年○○月頃
※話し合いが必要な場合は、この時期前に行うこともある。

7. その他
サービス利用は現状維持。ただし、訪問看護と経過をみながら、利用者の気持ちと家族の様子を気をつけてみていく。退院後の疲労感が家族に出ていると推測される。

記録者（　　　　　　　○○○○　　　　　　　）

以下、「サービス担当者会議の要点（第４表）」の項目に沿って、記入のポイントを説明します。

会議出席者

出席者だけではなく、欠席した人の氏名と所属も明記します。欠席者からは、照会にて意見を求めておきます。

検討した項目

会議で検討したい項目について記載します。ここには、今回担当者会議を開催した理由を明記するとよいでしょう。漠然としたものではなく、会議で検討するための目的がわかるようにします。このとき、さらに具体的な検討項目をあげていき、項目の頭に番号を付します。

例１　初回サービス利用開始時

脳梗塞後遺症により、左麻痺があり移動時、自宅内で転倒の恐れがあるため、身体機能の維持対策、環境整備、必要なサービスと内容について検討する。
（１）身体機能の現状について
（２）必要な環境整備について
（３）必要な支援サービスと内容について

例２　要介護認定の更新申請時

現在の安定している生活の支援内容を再確認し、より良い生活を継続していくために、本人や家族、関係者と支援内容の確認と今後新たに必要な支援について検討する。
（１）現在の支援内容の確認
（２）今後、必要な支援について

例３　状態・状況の変化による要介護認定区分変更申請時

脳梗塞の再発により、これまでできていた移動する動作が困難になった。病院

図表4-2 サービス担当者会議の要点（第4表）

利用者名　○○○○　様

サービス担当者会議の要点（第4表）

作成年月日　○○○○年○○月○○日

居宅サービス計画作成者（担当者）氏名　○○○○

開催場所　○○○○様　宅　　開催時間　13：00〜14：00　　開催回数　2

会議出席者	所属（職種）	氏名	所属（職種）	氏名	所属（職種）	氏名
	本人	○○○○	介護者（妻）	○○○○	主治医	○○○○医師（欠席）
	○○訪問看護ST	○○○○看護師	介護用具○○店	○○○○	○○ケアプランセンター	○○○○

検討した項目	○○○○さんが、住み慣れたご自宅で安心して療養していくために、必要なサポートについての確認と検討 (1) 現在の心身状態の確認　(2) 現在の支援内容の確認
検討内容	(1) 現在の心身状態の確認 退院して半年経過し、心身状態の様子と自立可能な生活状況を確認する。 (2) 現在の支援内容の確認 在宅生活を安心して営んでいくために利用している支援サービスのマッチングについて確認する。 (3) その他 本人や家族から気になることについて確認する。
結論	(1) について 退院当初は、体力的にも自信がなかったり液体酸素装置の使い方も不慣れだったが、訪問看護などのサポートにより、本人も家族も慣れてきた。ベッドから自力で移動して居間で過ごすことが多くなっている。生活行為も見守りのなか、できるようになってきた。 (2) について 訪問看護がサポートしてくれることで、自宅でのリハビリが良い効果を出している。また、往診から通院ができるようになり、今後も現在のサポートを活かしていく。 (3) について 往診から通院にかわったが、やや介護ふらつきがみられると家族が心配している。今後、体力をつけて欲しいと希望し通所リハビリを利用せたいと話しているが、本人はやや気乗りしていない。
残された課題 （次回の開催時期）	[通所リハビリを利用せたい]という家族の希望が出てきている。理由としては、訪問介護だけではなく、外に出て行くことでリハビリになったり、さまざまな刺激が本人にとって良いのではないかと考えている。しかし、本人としては、外に出て行くことには躊躇している。外に出て行くことに対して、本人が羞恥心が考えられる、歩行にもやや介護ふらつきがみられていることもあるが、液体酸素装置を装着して自宅以外に出て行くことにすることとする。本人の希望により、自宅での訪問看護によるサポートを利用しつつ、本人の体力や気持ちの変化をみていくことにする（1〜3ヶ月ほど経過観察）。

の退院に際し、今後の在宅生活行為の見直しと必要な支援について検討していく。
（1）現在の日常生活動作の確認
（2）在宅生活に必要な環境調整と支援内容

検討内容

　検討内容は、先の検討項目番号に対応して書きましょう。それぞれの機関や事業者が実施するサービス内容だけでなく、サービス提供方法・留意点・頻度・時間数・担当者なども検討しましょう。

結論

　検討項目番号に対応して、結論を書きましょう。「いつまでに誰が〇〇をする」という具体的な書き方で、結論を明記しましょう。それぞれの役割分担に漏れや重複がないか、計画がスムーズに進行するか、話し合った要点を書き留めましょう。

残された課題（次回の開催時期）

　残された課題について、どのくらいまでに、誰が、いつまでに、何をするのか書きましょう。社会資源（サービス）が不足しているためにサービス利用に結びつかなかった場合など、その旨を書き留めておきましょう。詳細が必要な場合は、別紙に記載します。

次回の開催時期

　心身状態の変化などにより、ケアプランの変更が必要な場合。目標やサービス内容に変更が生じた場合などは、適時開催と明記しましょう。

ケアプランへの反映の仕方

「サービス担当者会議の記録表」(図表 4 - 1)や「サービス担当者会議の要点（第 4 表)」(図表 4 - 2)を用いて話し合われた結果を整理し、❶今すぐできることや取り組めること、❷長期的に取り組んでいくこと、❸取り組むには再度検討が必要なことに整理していきます。

　❶の内容は、ケアプランの短期目標に、❷の内容は長期目標の欄にそれぞれ反映されることになります。❸の内容は、すぐに対応することができず、経過を見定めてからすすめていくことが必要になるので、このような残された課題が生じたときは、「サービス担当者会議の要点（第 4 表)」の「残された課題」に反映します。

会議中の発言は、簡潔な表現で整理していきます。すぐに取り組めることは短期目標や長期目標としてケアプランに反映し、すぐに取り組めないことは「サービス担当者会議の要点（第4表)」の「残された課題」に反映します。

まとめ

04 | 「残された課題」への対応

POINT
刻々と変化していく利用者やその家族に必要な
支援を想定して、必要な準備や確認をし、
今後の対策をねっておくことで、
慌てずに対応することができます。

「残された課題」が生じるということは、利用者や介護者である家族に、今後どのように支援をしたらよいか戸惑ってしまうことがあるということです。以下、図表4-1、図表4-2の事例に即して、「残された課題」への対応例を示します。

検討項目❶
「本人の低下した身体機能を維持・向上させていくために必要な支援」
❶の結論
　本人の意欲を高めるために必要な運動機能を無理なく向上させることができるように、通所リハビリを活用して、できる限り在宅生活の行為でできることを増やしていく。
短期目標や長期目標に反映
短期目標　身体機能を維持し、日常生活において自分でできることが増えていく。
長期目標　日常生活において自分でできることを発見し、生活に活かしていける。

　会議で話し合われた結果、このような支援の目標を確認することができ、具体的な対応として、通所リハビリの活用が考えられました。しかし、主介護者の家族は熱心に通所リハビリの利用を希望しましたが、本人がその気になれず、さらに家族の中でも、利用に前向きな人もいれば、迷っていたり、その必要性を感じていない人もいます。家族間でも考えていることがバラバラであり、現状の理解

にも温度差が大きい。このようなケースでは、ケアマネジャーもどのように支援したらよいか戸惑ってしまいます。

この場合は、サービスの利用を急いでも、「サービスにつないだが……」という結果に終わりかねません。そこで、「サービス担当者会議の記録表」（図表4-1）の「5. 残された課題」に記録しておき、「サービス担当者会議の要点（第4表）」（図表4-2）の「残された課題」に反映します。そして、経過を見定めて、タイミングを逃さずに対応できるようにしていきます。

会議の結果をケアプランに活かす

「サービス担当者会議の要点（第4表）」（図表4-2）を整理した上で、ケアプラン原案を清書します。ケアプランの書き方は、介護支援専門員実務研修等での指導やさまざまな参考書があります。それらを参考に仕上げていきます。このとき、あまりにも課題と目標を細かくあげすぎると、利用者の生活が見えにくくなってしまうので気をつけましょう。

ケアプランを立てるときのカテゴリーとしては、個人因子である「利用者の心身状態について」と環境因子である「生活環境（家族や物）について」とに分けて整理してみましょう。また、話し合われた内容の具体的な説明が必要なときには、別紙資料として作成しケアプランに添付しましょう（相関図・週間表・月間表など）。

日々の生活には、さまざまな変化が生じてきます。私たちは利用者の生活課題を認識しつつ、日頃から情報や関係する知識を得ていくことが重要です。この点を踏まえて生活状況にかかわっていくと、早めに気づき、迅速な対応が可能になります。

まとめ

05 | 関係者への ケアプランの配布

関係者へのケアプランの配布

　担当者会議で決定した事項を反映したケアプランを利用者や参加者に配布して、お互いに共通認識がもてるようにします。利用者や家族には、訪問して手渡ししましょう。その際、サービス利用票なども同時に渡すことで、サービス利用の曜日と時間が目に見えてわかりやすくなります。

　サービス提供事業者にも、できるだけ手渡しするということをおすすめします。やはり、フェイス トゥ フェイスにより、お互いの顔が見える関係になることで、有機的な連携ができるようになるからです。

　直接届けることが難しい場合は、FAXや郵便で送付する場合もあります。このときの送付状（図表4-3）には、担当者会議への参加、または照会の御礼を一言書きましょう。そして、送付状には会議で決定された事項を箇条書きで明記することで、紙面のスペースを有効に活用できます。

フェイストゥフェイスでなければ
伝わらないこともあります。
こういう時代だからこそ
人に会うことを大切にしましょう。

まとめ

100

図表4-3 送付状の例　担当者会議後の報告の場合

サービス担当者会議報告書

○○○○○ヘルパーステーション
サービス責任担当者　○△□○　　様

件名：○○○○様の担当者会議の結果報告について

　いつもお世話になっております。
　先日は、ご多用のところ○○○○様のサービス担当者会議（平成○○年○月○日実施）にご参加いただき、誠にありがとうございました。

※照会対応した相手先に送る場合
　先日は、ご多用のところ○○○○様のサービス担当者会議（平成○○年○月○日実施）の照会事項についてご対応いただき、誠にありがとうございました。貴重な情報やご意見をいただくことができ、有意義な会議を行うことができました。

　本日は、会議にて決定されました事項やケアプランを送付させていただきます。
　会議の主な結果は、次の3点です。

会議の結果
1. サービス利用は、現状維持ですすめていきます。
2. 今後は介護者の介護負担を考慮し、ショートステイ利用も考えます。
3. 体調がすぐれないときには、訪問看護STに確認して対応します。

　何かお気づきの点などがありましたら、お手数ですが下記の連絡先に一報いただけたら幸いです。
　今後とも、どうぞよろしくお願い申し上げます。

平成○○年○月○○日
○○○○○ケアプランセンター
介護支援専門員　○△□△

【連絡・問い合わせ先】
住　　　所　〒123-4567　○○市□□町123番地
電　　　話　0000-00-0000
Ｆ　Ａ　Ｘ　0000-00-0000
Ｅメール　　○○△△□□@abc.defg.jp

06 次回までに行うこと

POINT
モニタリングで利用者や家族の状態を
把握するとともに、
日々の情報収集や人脈づくりを心がけ、
ケアマネジャーとして研鑽を積んでいきます。

　生活の支障は、一度だけの担当者会議で解決するとは限りません。しかも、会議をしたことで、新たな課題が出てくることも珍しくありません。ケアマネジャーは、その課題の内容について新たな情報の収集や対策を検討するために、専門機関や専門職のアドバイスや情報を得ておく必要があります。地域包括支援センターの主任介護支援専門員に意見を求めたり、職能団体の研修に参加することもよいでしょう。どのようなことをおさえておくとよいか紹介します。

利用者の変化に気づく

　ケアマネジャーは、通常、月1回のモニタリングで利用者のサービス利用状況の確認や介護者である家族などの様子を把握することになります（運営基準第13条の十四）。サービスが効果的に活用でき、安定して生活が営めていることは何よりです。このとき「どうして安定して過ごせているか」という視点で、モニタリングをすることが大切です。安定していると、つい「特にお変わりありませんね。また、来月もよろしくお願いします」というモニタリングをしてしまいがちです。もちろん、安定して過ごしていることはよいことですが、私たちケアマネジャーは、このパターンが常態化してしまうと、俗に言う「スタンプラリー」と皮肉を言われてしまうモニタリングになってしまいます。

　そこで、利用者の心身状態が安定し、生活の営みも穏やかに過ごせるのはどう

してか、という意識を持ちながら、モニタリングをしていきましょう。安定している要因例としては、「本人の状態が安定し、生理的な状態が良好」「食生活も安定して栄養や水分が摂れている」「介護者である家族は、穏やかな気持ちで日々の生活を営めている」等々があげられます。これらが安定していることを確認するようにしていきましょう。そうすることで、安定要因のちょっとした変化が、利用者の心身状態や生活にも影響していることに気づくことができ、早めの対策や対応ができるようになります。必要に応じて担当者会議を開催するときにも、課題が明確になり迅速な支援ができるようになります。

　また、担当者会議で解決できずに残された課題があるときにも、上記に紹介したモニタリングでの観察が活きてきます。この場合、課題が明確になっていることから、継続して確認していくことができます。そして、課題解決に向けた糸口が見つかったときに、改めて効果的な担当者会議を開催することができるのです。

関連情報の収集・学習や対応技術を磨く

利用者の変化に気づくためには、私たち自身が日頃より、利用者の疾病や機能的な障害などの情報を仕入れておくことが大切です。また、それに関連した活用できる社会資源（公的制度やインフォーマルサービスなど）についても同様に入手できるよう、アンテナを立てておくことが大切です。

例えば、認知症に関することや特定疾病に関することなどの情報はインターネット上に豊富にあります。関連書籍もあり、それらの情報から学んでおくことは、今後の課題解決のヒントや支援に役に立つことでしょう。ただし、気をつけることは、あくまでもそれらは一般的な情報だということです。学び入手した情報を活用するときには、利用者の状況や状態にアレンジして活用するようにしましょう。ときには、関係機関の専門職にアドバイスをもらうことで、より利用者に即したアイデアを得られるときもあります。

また、私たちには、対人関係を円滑にしていくために面接技術などの「対人力」を養わなくてはなりません。そのために、事例検討をする研修の機会や先輩ケアマネジャーからスーパービジョンを受けることも必要です。よりよい「対人力」を養う機会づくりをこころがけていきましょう。

先輩からのアドバイス

人が生活を営んでいくということは、時間の経過と共に状態や環境が変化するということです。この変化にともなって、新たな生活の支障がでてきます。だからこそ、一つひとつの事例を通じて、私たちはさまざまなネットワークを広げていくことが必要なのです。こう考えるとケアマネジャーは、一人作業が多いように思えますが、実は多くの人々やさまざまな社会資源とつながりをもち、支えられている立場にあるということを忘れてはいけません。

逐語録でみる
サービス担当者会議のポイント

ここでは、サービス担当者会議の目的に応じて、会議の流れのポイントを逐語録風にして説明していきます。たんなる既成事実づくりのための会議にならないためにも、ポイントを活かした開催を目指しましょう。

5

CONTENTS

01 | 認知症の方の在宅生活を 支援するサービス担当者会議

事例の概要

働きながら認知症の母親を介護をしている一人娘の在宅介護支援
～本人の心身状態のサポートに対して慎重な介護者～

　一人娘が働きながら認知症の母親と自宅で共に生活しているケース。主治医から、介護保険サービスを活用した方が本人のリハビリにもなり、介護者にとっても負担が軽減すると言われ、1年前からデイサービスを週1回利用している。

　ところが最近、母親の焦燥感が強くなり、屋外に頻繁に出てしまうようになってきた。大抵は近くのコンビニにまで行き、戻ってきていたが、先日はいつもとは別の自宅から離れた店まで行ってしまったようだ。ウロウロと途方に暮れている母親を近隣の人がたまたま見つけて、自宅まで送り届けてくれるということが起きていた。

　デイサービス職員からも、「これからますます暑くなってくるのに、このままでは心配」と、真っ黒に日焼けし不穏な母親の状況がケアマネジャーに報告されていた。そのような状況だとわかっていながら、仕事の忙しさもあってか、娘の反応は、今ひとつつかみどころのないものであった。

Key Word

一人娘／アルツハイマー型認知症／BPSD ／一軒家／環境調整

会議の目的

テーマ：認知症の母親のサポートをどのようにしていくのかを確認していく。
サブテーマ：日常生活行為の具体的なサポート内容と体制の確認。
開催理由：母親の焦燥感が強く、生活行為に困惑している様子が見られてきているなか、介護者である娘は、最近の母親の状況についてどのように考えているのか。その状況を踏まえて、母親とこれからどのような生活をおくっていきたいかを確認し、2人の望む生活に即したサポート内容を組み立てていくため。

参加者とシチュエーション

参加者：母親（要介護 2）・娘・デイサービス職員 2 人・ケアマネジャー

開始時のシチュエーション：娘が仕事を終えて帰宅した夕刻に、利用者宅の居間にて実施した。帰宅したばかりの娘は、集まった人たちにコンビニで購入してきたペットボトルのお茶を配ってくれた。母親はそわそわして立ったり座ったりしているが、それでも「さぁ、やってください（飲んでください）」と娘が配った飲み物を何度も私たちにすすめてくれる。そのような母親に、娘は「もういいから、座って!」と強い語気で促した。この間、母親のかたわらにいるデイサービスの職員は、本人が緊張しないように配慮した対応をしている。

どうしても母親が落ち着かなくなってしまい、会議がすすまなくなることも想定して、デイサービス職員のサポートを得ながら会議が始まった。

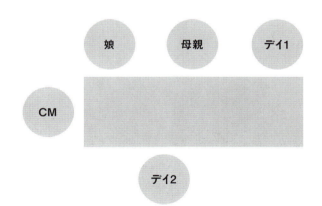

逐語録でみるサービス担当者会議のポイント

5

特定場面：現状の課題認識の確認

場面のポイント

　ここではまず、認知症の母親の現状について、娘がどのように認識しているかを確認することが重要です。そのため、あくまでも娘からの発言を多く促していきます。介護者である娘が何に気づき、どのような思いでいるのかを聴かせてもらうための問いかけから始めましょう。最初に専門職からの発言で会議を始めてしまうと、本人や家族は発言を遠慮してしまうこともあるので要注意です。

ケアマネジャー（以下、CM）　最近は暑くなってきましたね。ご自宅でのお母さまのご様子は、どうでしょうか?

娘　暑さは心配です。これまでも庭いじりは好きでやっていたのですが、ここのところ頻繁に近くのコンビニにあんパンを買いにいっているようです。

CM　あんパンですか?

娘　これなんですが……。（キッチンの方から、コンビニの袋に入ったあんパンを持ってくる。）

CM　なるほど、確かにあんパンが3つありますね。いつも、どこのコンビニで買ってくるのでしょうか?

娘　近所の〇〇コンビニに行っているようです。あんパンを3つ買ってきます。たまったレシートをみると、ここのところ昼の2時から3時頃に毎日のように買いに行っていることがわかりました。

CM　〇〇コンビニに午後の時間に買いに行っているのですか。この時期のとても暑いなか、買いに行っているのですね。

娘　そうなんです。だから「暑い時間は、買い物に出ないでね」と言っているのですけど、聞いてくれてないようです。

CM　最近は屋内でも熱中症になってしまいますから、まして午後の暑い時間に外出してしまうのはとても心配になりますね。

デイサービス職員（以下、DS）　最近は、手や顔が日に焼けてきた様子がわかります。

娘　そうなんです。なぜなのか、暑くなってからますます外に出てしま

うようになってしまって困っています。（と言いながら母親に目を移す。表情は硬い。）家の中が暑いから外に行こうとするのでしょうかね。

CM　暑さ対策として、扇風機やエアコンなどは使っていますか?

娘　エアコンは今のところ使っていません。扇風機は使っていますが、母は扇風機を止めてしまうんです。暑いときは窓を開けているようです。風が抜けてくれるので。

CM　お母さまは風が直接当たることを嫌がるのでしょうか?

娘　そうですね。私がいないと扇風機のコンセントを抜いてしまっています。窓を開けても、これからもっと暑くなりますから心配です。私は日中仕事でいませんから、やはりなんらかの対策をしなくてはなりませんね。

CM　では、エアコンを使ってはいかがでしょうか。微風にすれば風は気にならないでしょうし、部屋の温度を一定に保つことができて、暑さ対策にもなりますね。

娘　そうですね。少しでも、快適に過ごしてもらえたらいいと思います。この暑さのなかで、この前みたいに外に出て家に戻れなくなってしまったら、本当に心配です。

場面のポイント

　ここまでのところで、娘が母親の行動に関して、細かい気づきがあることがわかりました。また、暑さ対策の必要性に気づきながらも、具体的な対策にいたっていない様子がわかりました。ただし、これまで何もしていないわけではないことが、娘の「コンセントを抜いてしまう」という言葉から理解できます。

　ここで専門職として気をつけなくてはならないことは、結論を急いで現状確認を表面的にすませてしまい、サービス利用増の話に展開したり、新たなサービス利用を促す流れにしてしまうことです。一見遠回りのようでも、具体的に介護者と現状確認をしていくプロセスを経ることで、新たな気づきを促すことになり、次の手立てを共に考え、納得してサービスを選定していくことができるのです。

特定場面：今後の対策の確認

場面のポイント

　専門職としては、娘が現状の課題に気づくための支援を行っていく必要があります。次の場面では、娘に最近の母親の変化の要因を考えるポイントをわかりやすく伝えていくことになります。本事例では、暑さや水分不足、それらが影響して起こってくる不穏や便秘などの体調変化が、母親の状態の変化の要因の一つとして考えられます。そのことを娘にわかりやすく伝え、具体的な対応策を一緒に考えてもらえるようにすすめていきます。

　家族だけでなく専門職も、認知症の人のBPSDがみられてくると、すぐに認知症がすすんでしまったからと考えがちです。しかし、まずは環境や体調の変化などをみて、ケアの方法を考えていくことが重要です。そしてその方法は、会議の場で一から考えるのではなく、あらかじめいくつかの方法を想定しておくことが不可欠です。

　ただし、方法を選び、決めるのは介護者です。介護者を「わからないので、お任せします」というような状態にしてしまわないように注意しましょう。もちろん、方法を考えていくとき、本人である母親の声なき声に配慮していくことも欠かせません。認知症を患い、適切な言語的意思伝達が難しくなったとしても、日頃の行動や様子などから判断していくことは重要です。

CM	ここまでいろいろと、お母さまの自宅での様子や娘さんの話を聞かせてもらい、ありがとうございました。うかがったことから、今後の対策について考えていきましょう。
娘	そうですね。何か良い方法はあるでしょうか？（娘が身を乗り出してくる。）
CM	時期的なことやお母さまの状態から考えると、まずは体調の確認からしていくことが必要かと思います。お母さまの様子から、水分も不足がちになっているのではないかと思います。先ほど「なぜなのか、暑くなってから、ますます外に出てしまうようになって」とおっしゃっていましたが、この時期だからこそ体調の変化が起こりやすいと考えられます。例えば、わずかな水分不足でも、脱水症状

でイライラしたり、落ち着かなくなってしまったりすることがあります。今までそんなことやらなかったのに、というような変化が急に起こって、ご家族が驚いてしまうことも少なくありません。もちろん脱水に注意しなければいけないのは私たちも同じですけどね。

娘 そうなのですね。水分が不足するとそんなことが起こるのですか。そう言われてみれば、母はあまり水分をとりたがらないです。人にはすすめますけどね（笑）。

CM まずは、お母さまが水などを飲みやすくしていく対応を考えましょう。デイサービスの利用もその一つだと思いますが、通っている様子からは、何か気になることはありませんか?

娘 特に気になりません。嫌がらず行っているようです。

DS デイでは、時折、落ち着かなくなるのですが、お母さまの好きな畑の話などの世間話をしながら、自然に水分をとっていただけるように働きかけています。先週は、午前中で700ccほど飲んでくれました。ただ、直接的に「水分をとりましょう」と言っても、「私はいらない!」とやや不機嫌になってしまいます。

娘 そうなんです。本人はしつこいと嫌がるし、でも、ほっといても一人でできないことが増えています。デイに行っている方が、母にとって良い機会なのかもしれません。

CM そうですか。デイ利用は、お母さまにとって良い機会になっているようですね。

娘 そうです。自宅ではできないことをデイがしてくれるのはありがたいです。ただ、週1回ですので、回数を増やした方が良いでしょうか?（DSを見つめる。）

DS 「私どもでは、引き続きデイ利用の際には水分補給や体調の変化についてサポートしていくことに変わりありません。参考までですが、デイの通所開始当初には、「自宅に帰る」とおっしゃってお送りしたことがありました。ところが、最近確かにイライラして急に怒り出すことはあるのですが、家に帰ると言うことは一切ありません。そ

の代わりに、周りの環境を調整してほしいというような言動がみられます。今のお母さまでしたら、帰りたいならば、外に出て行くことはたやすい行為です。

CM デイでの様子を聞いて、お母さまはどのように感じていると思いますか?

娘 やはり嫌がっていないようようです。母は嫌なときには私の言うことも聞き入れません。迎えに来てもらうとスムーズに出かけていくことや、先ほどのお話からすると、そう思います。デイを利用するまでは、自分だけで母をみられると思っていたのですが、なかなか難しいということもわかってきました。どうしても親子だとぶつかってしまいます。イライラしてつい、きつい言い方をしてしまって……。私も脱水気味かもしれませんね（笑）。

CM なるほど。お母さまの自宅での様子とデイでの様子、そして、娘さんの気持ちとして、デイ利用の回数を増やしていくことを考えてもよさそうですね。

娘 はい、お願いします!

CM それから、水分が不足している状況からすると、もう一つ心配なのがお通じです。いかがでしょうかね?　どうしても、便秘になると不快感がでてきてしまい、不穏になってしまうことがあります。

娘 下着がやや汚れていることがありますが、きちんと出ている（排便している）か気にしたことはあまりないですね。今度気にかけてみたいと思います。

場面のポイント

　この後、デイの利用回数の変更と母親の排泄状況などを整理していきます。気にかけて見るようにして、やはり便秘が考えられるようであれば、一度主治医に相談してみてはどうかと提案します。また、送迎の際に、デイサービス職員にも部屋の環境調整をサポートしてもらうなどの具体的な対応策をあげて取り組んでいくことになりました。

担当者会議のまとめ

　本事例では、認知症という病いを抱えながら、在宅生活をしていく母親を支える娘を取り上げました。認知症を患うと、伝えたいことがあっても、今の心境や体調の変化を言葉では伝えられないことがあります。そのため、行動障害に発展してしまい、ますます本人も家族も混乱の渦に巻き込まれてしまいます。それを単純に「混乱が強いのでサービス利用を増やして対応していきましょう」と短絡的に結論づけてしまうのではなく、現状の根拠を確認していくことが重要です。

　季節の変化による体調の変化や介護者である家族の変化などにともない、不安定な言動になってしまうことを専門職が頭で理解しているだけではなく、家族も利用者の状態について理解できるように支援していくことで、利用するサービスがより効果的に活用できるようになるのです。このように本人や家族、私たち専門職がともに考え取り組んでいくことで、さまざまな貴重な気づきも得られます。

　あるとき娘は思い出したそうです。まだ幼かった頃、父は会社員、母はパート勤めをしていたとき、鍵っ子だった自分のために、母親はあんパンを3つ買ってきたそうです。おなかを空かせて待っていた自分と、急いで仕事から帰ってきた母と父とでおいしくあんパンを頬張った、遠い懐かしい記憶でした。

02 一人暮らしのターミナルを支えるサービス担当者会議

事例の概要

自宅に愛着が強く、病院に行きたがらない一人暮らしの父親のターミナルを支える
〜遠方に住む子どもたちの支援対策〜

　一人暮らしをしてきた父親が、足腰が弱り、食事もままならない状態で生活していることを長男と長女は知らずにいた。独立して遠方で世帯を持ち生活していたこともあり、電話でのやり取りだけだった。「元気にやっているから、こっちのことは気にしなくていいから……」という85歳になる父親のことを、やや気にかけながらも、様子を見に行くことはめったになかった。

　そのようななか、昨年の秋、長女の仕事が実家の方面であったことから、久しぶりに父親の顔を見て帰ろうと立ち寄ったときである。実家の様子は以前よりも活気がなく、よどんだ空気が流れていた。娘が恐る恐る居間に入ると、その様子に絶句してしまった。テレビが大音量でかかっており、テーブルの側で横たわっている父親は、以前の気丈で何でも器用にこなしていた父親ではなく、異臭漂う空気に埋もれていた。

　長女はこの状況を知ると、すぐに市役所や地域包括支援センターに相談するとともに、長男とも連絡を取り合い、この半年間、環境整備を行ってきた。介護保険を使うことに抵抗を示していた父親であったが、子どもたちの説得の末、近くの開業医にお願いして往診対応してもらい、主治医の意見書を書いてもらった。要介護認定を申請し、結果は要介護3であった。そして、ようやくヘルパーを活用して食事や身の回りのことなどを手伝ってもらい、生活するようになった。

　医療的なサポートの必要性を家族も関係者も感じていた。しかし、これまで医者にかかったことのない父親は、「病院は嫌いだ」と言って応じてくれなかった。子どもたちが時間をかけて説得し、しぶしぶ主治医と訪問看護の利用を受け入れるようになった。

　往診を繰り返していくことで、ようやく身体に触れることも拒まなくなった。この頃より、訪問看護師から血便が見られるとの報告を受け、医師が下腹部の触

診を行ったところ、腫瘍の存在が疑われた。懸念した医師が採血検査をした結果、がんのマーカー反応が非常に高く、末期のＳ字直腸がんかもしれないと医師から伝えられた。本人の様子から、痛みも強い可能性があることがわかった。この結果を受け、今後の関わりをどのようにしていけばよいか、家族と共に話し合うことになった。

Key Word
一人暮らし／遠距離介護／ターミナル／在宅療養／一軒家／なじみの環境

会議の目的
テーマ：一人暮らしで末期がんの父親のサポートをどのようにしていくかを確認する。

サブテーマ：自宅での生活の継続と日常生活行為の具体的なサポート内容と体制を確認する。

開催理由：医師の診察の結果を受けて、今後の治療や生活をどのようにしていきたいかを本人や家族と確認するとともに、専門職の役割分担などの支援体制の見直しをしていくため。

参加者とシチュエーション
参加者：父親（太郎さん・要介護３）・長男・長女・主治医・訪問看護師・ヘルパー・ケアマネジャー

開始時のシチュエーション：青々とした田園風景が広がる中の一軒家。昼下がり、和室の居間で父親を挟むように長男と長女が長方形の大きいテーブルの片側に座り、私たちを待っていた。本人の正面には、主治医、左側に訪問看護師、右側にヘルパーが座り、ケアマネジャーは長男と直角になるような位置に座った。

　私たちが座るとすぐに、長女がお茶をいれてくれた。本人は、座椅子にもたれるように静かに座り成り行きを眺めていた。改めて顔を合わせたこともあり、父親はやや緊張した表情を浮かべ私たちを見つめている。

　あいさつをすませ、緊張を少しでも和らげようと、ケアマネジャーは世間話から会話を始めた。長男も季節の話題などを出しながら、近隣の変化を話してくれ

ていた。その話しの流れからも、これからどうなっていくのかという家族の不安と緊張が伝わってくる。このような雰囲気のなかで会議が始まった。

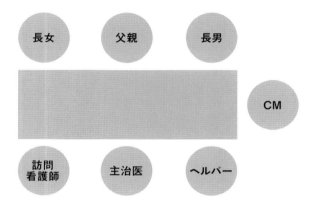

特定場面：最近の身体状況の確認

場面のポイント

　ここでは、父親の身体の状況について、主治医から家族が情報を得ていく場面になります。精密検査はできないものの、主治医からは血液検査の結果などを根拠に病状の説明がなされました。家族はなんとなく病いについてわかっていましたが、改めて説明され、精神的に大きな衝撃を受けている様子が見てとれました。そこで、ケアマネジャーとしてはそのような家族の思いを察しながら、父親にとってどのようなサポートが必要なのかを一緒に考えていく雰囲気をつくり出し、具体的な手立てを確認していくことが求められます。

　このようなターミナル期の担当者会議は、医療的な話題が主となっていきます。この会議でも、「父親の血便の話」がでてきました。ここで、ケアマネジャーが配慮して会議をすすめていかなくてはならないのは、あくまでも主役は父親、そして、家族だということです。もちろん、ターミナル期の話し合いなどの場合、あまりに具体的な話を本人の前ですることは、慎重に考えていかなければならないことです。しかし、この事例では、ここに至るまでの本人や長女、長男とのかかわりから、みんなが揃ったところで、本人がどのような生活をしていきたいかを踏まえて、話し合いをすすめていく必要があると考えました。本人や家族の思いを、支援者全員が共通に理解し、その上で、具体的な支援の方法について、実現可能か否かを参加者全員で検討していくことになります。

ケアマネジャー（以下、CM）　この近辺は、本当に緑が多くて落ち着きますね。それでも、昔と違い新しい建て売り住宅が増えてきたというのは、時代の変化を感じますね。

長男　そうなんです。昔はこんなに新しい家はなく、うちのような古い家ばかりでした。やはり、新しい道路ができると環境も変わってくるのでしょう。

CM　そうですね。昔から比べると賑やかになってきたのでしょうね。

長男　確かに賑やかになっていると思います。ただ、その反面、父はだいぶ老いてしまった……。（横目でやや気落ちしている様子で、父親を見つめ

	る。）
CM	太郎さん。身体の調子はどうですか？
父親	はぁ？
長女	お父さん、体調はどうでしょうだって！（難聴の父親をサポートする。）
父親	あぁぁぁ、体調は、まぁまぁかなぁ〜。まぁ、こんなもんでしょう〜。（いつものんきな返答する父親。ただし、調子が悪いときは、言葉もなくじっとしてしまうので、今日は本当に良好だと考える。）
主治医	この前おなかが張って痛いって言ってたけど、今日は痛くない？
父親	あぁぁ、痛くないよ。ほらこの通り。（腹部をさすりながら、軽くトントンとたたく仕草。）
訪問看護	先週は血便が出ている様子がみられました。本人なりに拭いて対応していたようですが、衣類や寝具に付着していましたね。
ヘルパー	「移動することも不安定になっていて……。特に立ち上がりが不安定になるようです。そのため、衣類の交換時には、椅子に座ってもらいながら行っています。そのようなとき、衣類に鮮血が付着しているのを時折見ます。
一同	うむ……。（本人以外、その状況に懸念が高まる。）
長男	先生（主治医）、父の病気はどのくらい進行しているのでしょうか。
主治医	精密検査をしないと詳細まではわかりません。ただ、お父さまは「どこかに行くなら死んだほうがましだ！」と言って、病院での検査はできない状況です。わかることは大腸近辺にあまりよろしくない腫瘍があること。決して小さくはないですね。（やや小声で話す。）

この後も、考えられる病状について、主治医からの情報提供が5分ほどされた。

特定場面：最近の身体状況を踏まえた上で、本人や家族の思いを確認

場面のポイント

　次は、父親や家族の意思確認をしていく大切な場面です。父親自身も体調の変化に気づいていることは、これまでの家族からの話やかかわる専門職の報告からも推測できます。そのような父親と家族の気持ちを丁寧に確認しながら、今後の手立てを考えていきます。

　ここで重要なのは、誰の立ち位置で考えて担当者会議という機会を有効に活用していくかです。専門職の立ち位置ではなく、父親と家族の立ち位置で検討していけるように、会議をすすめていきましょう。父親、長男、長女それぞれの思いを会議の参加者全員で確認することで、専門職の連携も一層パワーアップします。

5 逐語録でみるサービス担当者会議のポイント

CM	このような状況ですが、お父さまやご家族にとって、できるだけ安心して過ごしていくための方法を検討していきましょう。
長男	何か良い方法はありますか?
CM	一般的には、在宅か病院かということから考えていくのですが、お父さまはどちらを望んでいると思いますか?
長男	この数ヶ月間、痛がっている様子があるとき「入院するか?　入院した方が良いよ」と問いただしてきたのですが、それを言うと黙ってしまい、部屋にこもってしまうの繰り返しです。
長女	父はもともと農家をしてきて、農業しか取り柄がありません。だから、趣味や旅行にも何にも関心がなく、自宅か田んぼ、畑にいる姿しか記憶にありません。今は、無性に自宅にいることにこだわっています。父は家から離れるのが嫌なんです。父が納得できるように、できる限りここ（自宅）で生活させてあげたいです。
CM	なるほど。息子さんや娘さんの気持ちとしては、いろいろと含みがあるようですが、お父さまが望むように、できる限りしていきたいということですね。
長男	そうです。（長女もやや潤んだ目でうなずく。）
CM	（そんな様子を見ていた父親と目が合う。）太郎さん。太郎さんにとって、この畑、田んぼ、家、そして、息子さんと娘さんは大切な宝物ですね。
父親	あぁぁ、そうだね。宝物だね……。俺は、どこもいかないよ。この家は、俺が面倒みなくちゃいけない。（ようやく柔らかい笑みがみられた。）

場面のポイント

　この後、入院ではなく自宅で療養する環境と支援体制づくりを速やかにすすめました。往診、訪問看護という医療的サポートと日常生活行為を支援する訪問介護や訪問入浴、介護用ベッドなどを父親の状態に合わせて整えていきました。

担当者会議のまとめ

　本事例は、がんのターミナルという状態であり、今後の生活の場やそのサポート体制を構築していくための準備の担当者会議になっています。父親のこれまでの生活歴を確認し、その経過に含まれる思いについて、家族と共に確認していくことで、本人の生き方に触れることができます。この情報の共有化ができることで、専門職自身が自分たちのできる役割を整理しやすくなってきます。「家の面倒をみなくちゃいけない」という一言には、父親の生き様が表れています。

　長男、長女も週末になると交代で帰省し、介護に当たっていました。時折、孫たちも訪れて、家族団らんの穏やかな時間が流れました。主治医の見立てでは、余命3ヶ月でしたが猛暑を乗り気り、秋を迎えることができました。そんな太郎さんでしたが、除夜の鐘が鳴り響く12月31日の夜に、自宅にて91歳の生涯を閉じました。

03 怪我による緊急介入時の サービス担当者会議

事例の概要

自立心の強い一人暮らしの高齢女性へのサービス導入
～近所付き合いが薄く、MCIの状態にある人の支援～

　花子さん(86歳)は約30年前に夫を不慮の事故で亡くして以来、一人暮らしをしてきた。子どもはおらず、兄弟はすでに他界している。甥や姪はいるようだが、一切連絡を取り合っていない。仕事は車の部品を作る町工場で定年まで勤めあげた。近所付き合いは、特定の人とは交流があったようだが、最近ではあいさつ程度となっていた。円背ぎみのためシルバーカーを愛用しているが、近所の商店まで歩いて買い物に行き、自立した生活をおくっていた。

　民生委員は花子さんとさりげなくかかわりを持っていた。一人暮らしということだけではなく、年相応のもの忘れがあるのではないかと心配になっていたためだ。例えば、郵便ポストに新聞が溜まったままになっていたときは、「勝手に新聞屋がポストに入れていく。困った！」と怒りながら民生委員に話したという。町内会費の集金に行った隣組の班長さんには、「何であなたにお金を払わなくてはならないの！」と話がつながらず、回覧板も花子さん宅で止まってしまうようになってきた。

　そんな花子さんの様子を近所の人も気にするようになり、あるとき庭先から花子さんが仏壇にろうそくをつけ線香を手向ける姿を見て、「火事でも起こされたら大変だ」と言い始めていた。困り果てた民生委員が地域包括支援センターに相談。さっそく、訪問したが、「特に困ったこともないし、あなたに用はない」ととりつく島もなかったという。

　それでも日をおいて訪問を繰り返していたとき、ちょうど自宅内で転倒して、うなっている花子さんに出くわした。地域包括支援センター職員と民生委員で対応。幸い命に別状はなかったが、左側の鎖骨と肋骨にひびが入っており、痛み止めと湿布で様子をみていくことになった。また、これまでのように自分ですべての生活行為を行うことが難しいことから、介護保険を暫定サービスで利用するこ

122

とになった。後日の要介護認定の結果は、要介護2であった。

　頑なだった花子さんもこの出来事を契機に、地域包括支援センター職員を信用するようになり、聴く耳をもってくれるようになってきた。

Key Word
　一人暮らし／緊急介入／地域の理解と協力／生活史／地域生活

会議の目的
テーマ：転倒による負傷から日常生活行為が難しくなった一人暮らしの花子さんをどのように支援するか確認する。

サブテーマ：本人の自立しようとする気持ちを支援する。

開催理由：自分でなんとかしようとするものの、痛みがありこれまでのようにできないため、第三者によるサポートを活用していくことを提案するための初回のサービス担当者会議。

参加者とシチュエーション
参加者：花子さん（要介護2）・地域包括支援センター職員・民生委員・ヘルパー・ケアマネジャー

開始時のシチュエーション：花子さんの身体状況を鑑み、できるだけ速やかにサポートが必要だとした地域包括支援センター職員と民生委員の考えがあった。本来ならば、ケアマネジャーは会議前に事前訪問が必要と考えるところだが、花子さんとの関係性をスムーズに構築していくためにも、初回訪問には地域包括支援センター職員と民生委員に同席してもらうほうがよいと考え、この機会を担当者会議としてすすめていくことになった。

　先に民生委員が訪問して待っていてくれるなか、左側の腕を固定されている姿が痛々しい花子さんが、地域包括支援センター職員、ヘルパーとケアマネジャーを迎え入れてくれた。

　平屋一軒家の自宅の居間は、リビングダイニングキッチンになっており、そこに置かれているテーブルを囲んで座ることになった。花子さんの隣に民生委員、向かいに地域包括支援センター職員、筋向かいにヘルパーが座り、ケアマネ

ジャーは花子さんと直角なる位置に構えた。花子さんが民生委員に向かって、冷蔵庫からお茶（ペットボトル）を出してくれと指示している。怪訝そうな雰囲気も伝わってくる。やや不機嫌な花子さんの心境を探りながら、あいさつをかねて自己紹介をすませた後、地域包括支援センター職員が花子さんに話を始めた。

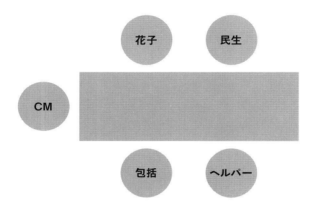

特定場面：花子さんの生活状況と心境の確認
場面のポイント

　花子さんが警戒しないように、これまでのかかわりから、花子さんが信用している地域包括支援センター職員から話し始めることで、今日集まった目的を伝えます。ケアマネジャーは、職員の働きかけに対する花子さんの反応を見て、その思いを察することに集中します。そして、「他人に頼らず、一人で頑張ってきたことが自身の誇りである」ことを察したケアマネジャーは、そのことを評価するように働きかけました。自分の思いを理解してもらうことで、花子さんの警戒心が溶け始めます。

地域包括支援センター職員（以下、包括）　花子さん、先日、民生委員さんと話していたケアマネジャーさんとヘルパーさんを連れてきたの。花子さんが、今、腕や脇腹が痛くて大変なことを応援してくれる人なのよ。

花子　へ～、そうなの。でも、今は痛みも和らいできているよ。おかげさまでね。

民生委員　「痛くなくなってきたのね。それは良かったね～。でもね、昨日も洗濯物や買い物した荷物が持てなくて大変だと話していなかった?

花子　そうだったかしらぁ？　でも、ゆっくりやれば何とかできるのよ。

包括　ゆっくりやればできると思うけど、雨の日もあるし、もしまた荷物を持ったり、洗濯物を干しているときに、転んでしまったらどうします?

花子　だから、ゆっくりやればできるのよぉ！（不機嫌になる。）

ケアマネジャー（以下、CM）　花子さんのお話を聞いていて、一人で頑張っていることが伝わってきました。骨折にも負けずに本当にすごいですね!（ヘルパーも大きくうなずく。）

花子　だってあなた、しょうがないのよ。私一人でしょ。だから、何でも一人でやらなくちゃならないの。

CM	そうですよね。花子さんは昔からお一人で何でも頑張ってきたんですよね。そのことは、あそこに飾ってある賞状が讃えていますね。（居間の壁に〇〇会社からの感謝状が飾られている。）
花子	あら、やだね〜。恥ずかしい〜。（まんざらでもないという反応。）
CM	この会社は何を作っていたのですか？
花子	車の部品だね。いろいろとあったよ。
CM	へ〜。車の部品ですか。それじゃ、花子さんが作ってくれた部品のおかげで、私たちは安心して自動車に乗れるのですね。
花子	そういうことかもしれないね。（機嫌良く返答。）

特定場面：サービス利用についての提案
場面のポイント

　いきなりサービス利用といった本題に入らずに、まずは相手の思いに働きかけることが大切です。その上で、改めて花子さんと会話をすすめていくことで、次第に私たちを受け入れてくれるような雰囲気に変わってきます。担当者会議では、会議の進行やサービス利用を促すことだけが目的になってしまうと、相手の真意を察することはできません。そこで花子さんの緊張を軽減するために、かかわり始めは信用されている地域包括支援センター職員が働きかけます。そして、花子さんの緊張が緩和されてきたことを確認してから、サービス利用の提案をしていきます。その際も、花子さんの思いを丁寧にうかがっていくことが大切です。その結果、「この人たちは自分の応援団だ」と花子さんに思ってもらえるのです。

包括　花子さんがこれまで本当に頑張ってきたことが改めてわかりました。ありがとうございます。

花子　そう、うんうん。（誇らしげな笑顔でうなずく。）

包括　だからこそ、今の怪我が治るまで、この人たちに花子さんの応援をしてもらうのはどうですか?

花子　あなた（包括）がそう言うのなら、その……ヘルパーさんとやらにお願いしてもいいと思うよ。

包括　そうですか。それじゃ、ケアマネジャーさんとヘルパーさんと確認をしていきましょうね。

花子　そうだね。よろしくお願いしますよ。（ヘルパーとケアマネジャーを見つめる。）

ヘルパー　こちらこそ、よろしくお願いします!

CM　ありがとうございます。花子さんへのささやかなお手伝いでしょうが、頑張っていきますのでよろしくお願いします。今のところ、身体の痛みが和らいできましたが、やはり洗濯や買い物のとき、いつものようにいかなくなってしまうことが多いですか?

花子　そうだね。他にもあるかもしれないけど、今はそのくらいかなぁ。

5

逐語録でみるサービス担当者会議のポイント

	最近、忘れっぽくてしょうがないねぇ〜。ハッハッハッハッ。
CM	なるほど。それでは、まずは家事のお手伝いをさせていただきながら、他にも必要なことがあれば一緒に考えてみましょう。よろしくお願いします。
花子	こちらこそ、よろしくね。

　会議後、週2回の家事援助からスタートしました。徐々に関係性ができてくると、ケアマネジャーやヘルパーを受け入れ、花子さんの応援団が増えていきました。

　この後、医療的なサポートも入ることになり、次第に花子さんの精神状態も穏やかになってきました。その結果、近所との関係も改善していきました。そして、相変わらず近所の店に買い物に行く花子さんの姿を見かけた近隣の人の計らいで、小柄な花子さんが歩いているときに、車の陰になって誤って交通事故に遭遇しないようにするため、路上駐車をなくしていこうという機運が地域に広がっていきました。そのような変化は、子どもたちの交通安全運動にも効果をみせました。きっかけを作った花子さんは、そんなことはつゆ知らず、いつものように愛車のシルバーカーを押しながら、できる限り自分で頑張るという思いを生きる支えに、力強く町を歩いています。

担当者会議のまとめ

　本事例は、怪我をした直後ということで、緊急介入の生活支援に入るような内容でした。通常、ケアマネジャーは事前訪問して本人や関係者のニーズを収集し、アセスメントをしていきます。その結果、ケアプランを作成して改めて本人や関係家族などを確認し、サービス提供事業者の選定を経て担当者会議を開催していくというのが主な流れです。

　しかし、今回のような場合は迅速に対応する必要があります。花子さんのように一人暮らしの高齢者の場合、つい先日まで元気に生活ができていたのに、ちょっとした怪我や風邪をこじらせてしまうことで、突然生活が変化してしまい緊急対応が必要になることがあります。家族がいる場合は、本人に代わって対応していくことができますが、一人暮らしではそうもいきません。

　また、近隣との付き合いが円滑にできていない場合は、一人暮らしの高齢者をネガティブに捉えてしまうことが少なくありません。やはり、近隣との関係性を良好に維持していくことも、一人暮らしの方を支えていくためには欠かせません。

事例の概要

不信感が強く、介護保険サービスの利用に後ろ向きな本人が

自然な形で会議に参加するための支援

※本事例は、ケアマネジャーが担当者会議を開催する前と後の雰囲気づくりを中心に解説します。そのため、担当者会議中の展開の説明は省略しております。

　一人娘として大切に育てられてきた菊子さんは、幼い頃から活発な性格で、興味や関心を持つことに対しては、何でもチャレンジさせてもらってきた。20歳で両親の目にかなう婿養子と結婚し、長男、長女という子宝にも恵まれ、専業主婦としてマイペースな生活を営んできた。

　夫が65歳で他界した後は、長男夫婦と同居し仲良く暮らしていたが、80歳になったころから、言動に変化が出始めた。もともと食べることと外出が大好きな菊子さんだったが、自宅でおやつを探しまわり、見つけたおやつを全部食べてしまったり、見つからないと怒り出すようになった。また、天候が悪い日でも「どこかに連れて行け!」とせかすようになった。家族はこのような菊子さんの言動の変化をかかりつけ医に相談し、検査をしたところ、中程度のアルツハイマー型認知症ということがわかった。

　やがて菊子さんの状況にさらに変化があらわれた。排泄行為が不十分になり、衣類の尿臭が強くなってきたのだ。家族は入浴と衣類の交換を促したが、何かと面倒がるようになり、「着替えたばかりだから、大丈夫」「風呂はまだいい」と言って応じない。ときには長男が力づくで風呂に入れようとすると、烏の行水のように湯船につかるとすぐに出てきてしまうという状況が続き、頭髪はベトベトになってきた。

　この間、長男夫婦は「他人に迷惑をおかけするのは、本当に申し訳ない」と、家族だけで何とかしようとしてきた。しかし、菊子さんの拒否はますます強くなるばかりで、自室に引きこもるようになってしまった。外出が好きだった菊子さんのADLは徐々に衰えていき、布団からの起き上がりにもふらつくようになり、生活全般がスムーズにいかなくなってきた。

この様子を見ていた隣県に住む長女は、見かねて第三者のサポートを得た方が良いと長男夫婦を説得。菊子さんの主治医や地域包括支援センターに相談し、介護保険サービスやケアマネジャーの事業所について情報を得て、在宅生活の支援を検討することになった。そして、まもなく要介護2の判定結果がでた。担当したケアマネジャーはこれまでの経緯を丁寧に振り返り、今後の支援について、家族と検討した。その結果、小規模のデイサービスを利用することになった。

この選択肢を決めていくなかで、ケアマネジャーは菊子さんと何度も会った。当初は、ケアマネジャーに対して不審がり、家庭訪問すると自室に閉じこもってしまっていたが、世間話をしながらこれまでの生活歴を振り返り、丁寧に面談を続けていくことで、菊子さんとかかわる雰囲気も良好になってきた。その経過を見ていた長男夫婦は、「おばあちゃんには誰もかかわれないとあきらめていたのですが、介護サービスを試してみようと思うようになりました」と、気持ちの変化を話してくれた。

こうして、本人の性格や人柄を鑑みて、家族以外のサポートをえることは難しいと半ばあきらめていた菊子さんの生活支援をスタートするために、初回の担当者会議が開催されることになった。

Key Word

アルツハイマー型認知症／ BPSD ／入浴拒否／介護の抵抗／思い込み／雰囲気づくり

会議の目的

テーマ：小規模デイサービス利用をするにあたって、本人の意思確認を行うとともに家族の不安を軽減する。

サブテーマ：入浴拒否などの抵抗が強い本人と、同居して介護している家族が、介護保険サービスの利用を検討していく。

開催理由：初めてサービスを利用するというだけではなく、本人のこれまでの生活歴や認知症による影響を踏まえると、他者とのかかわりにも敏感に反応し、拒否的な言動になってしまうことが推測できる。できる限りそうならないよう慎重に生活支援の体制づくりの段取りを検討していく。

参加者とシチュエーション

参加者：菊子さん（要介護2）・長男・長男の妻・長女・小規模デイサービス職員2人・ケアマネジャー

担当者会議前の特別な配慮：本人の人柄（性格）や認知症に配慮して、極度に緊張しないような担当者会議の雰囲気づくりを心がけた。本人がリラックスしやすい場所と時間を家族と相談したところ、自宅でのティータイムということだったので、午後3時からの開催とした。また、いきなりサービス提供事業者が現れると、「知らない、新しい人が現れた！」というストレスを与えるので、徐々に参加者が増えるように時間差で登場するように配慮した。

担当者会議当日のシチュエーション：旧家である菊子さん宅の敷地は広く、自動車も余裕で数台置ける庭がある。ケアマネジャーは担当者会議開始15分前に到着し、集まっていた家族に簡単なあいさつをすませた。

　菊子さんに声をかけると自室から居間に出てきてくれた。長テーブルを囲んで籐の椅子に座った菊子さん。その様子を見計らって、長男が静かに横に座る。菊子さんは、長男の妻が用意していたお茶菓子にさっそく手を伸ばし食べ始めた。長男の妻はお茶を用意して、さりげなくテーブルに着く。ケアマネジャーは、菊子さんの斜め横に座り、いつものようにとりとめのない世間話から始めた。ちなみにケアマネジャーは、早めに訪問する理由（菊子さんの不安軽減を図る雰囲気づくりをする必要性について）を家族に事前確認した上で、当日訪問する直前にも、電話にて「これからうかがいます」という丁寧な根回し、あいさつをすませている。

　時間はちょうど3時のおやつ。この数分後、玄関のチャイムが鳴り、長女が登場。その数分後に、小規模デイサービスの職員が登場するように段取りを決めている。

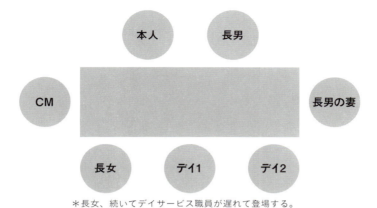

＊長女、続いてデイサービス職員が遅れて登場する。

特定場面：担当者会議前の雰囲気づくり

場面のポイント

　菊子さんが緊張しないように担当者会議前の雰囲気をつくります。人が大勢集まることで、「何かされるのではないか?」という不安や不信感を抱いてしまうことがあります。そのため、普段から菊子さんがリラックスしやすいおやつの時間を活かして担当者会議を計画しました。菊子さんがリラックスできることで、家族にとっても不安が軽減される効果があります。そして、和んだ雰囲気をつくってから本題に入っていきます。

ケアマネジャー（以下、CM）	いつも菊子さんにはいろいろと昔の話を教えてもらえて、とても勉強になります。ありがとうございます。
菊子	いえいえ、こんな老いぼればあさんですから。でも、しっかり覚えているでしょう?（ケアマネジャーに自身の存在をアピールしてくる。）
CM	そうですね、私が菊子さんの歳（82歳）になっても、同じようにできるかわかりませんよ。（優しく微笑む。）
菊子	あなたは、まだ若いから、これからですよ。頑張りなさい!（叱咤激励がでてくる。）
CM	いや〜ぁ、菊子さんには参りました。
菊子	はぁはぁはぁ〜。（軽く笑い声をだす。）
長男	ほんと元気すぎますね。（ややあきれ顔。）
長女	そうね〜。でも、だから母さんは元気でいられるのよね。
菊子	そうだよ。（誇らしげな表情。その様子を長男の妻もやや疲れ気味で見ている。）
CM	そんな元気な菊子さんに、ご紹介したい人がいるんですよ。
菊子	だれ?（やや顔が曇る。）
CM	以前、外に出るのは楽しいと菊子さんが話していましたよね。
菊子	外に出るのは好きですよ。ただ、最近、足腰が弱くなってきてね。歳だねぇ〜。
CM	確かに足腰の状態は変わってきているようですが……。（わざと菊子さんの足腰を見つめて、間を持たせる。）

それでも、菊子さんはいつも居間にお茶を飲みに歩いていらっしゃいますよね。

菊子 だって、歩かないと、歩けなくなっちゃいますよ。歳だからねぇ。大変なのは、布団から起き上がるときだね。（強気な発言。）

CM そうですかぁ。確かに動かないと足が弱くなってしまいますね。今のところは、布団からの起き上がりだけが大変なのですか？

菊子 そうよ。起き上がりがねぇ～。

CM それでは、菊子さんの外出の楽しみと起き上がりをスムーズにできる方法を、一緒に考えさせていただけませんか。

菊子 それはまあまあ、ありがたいことねぇ。でも、面倒じゃないのぉ？（また怪訝そうな表情。）

CM いえいえ、そんな面倒ではないですよ。そういったことを紹介してくれる知り合いがいるんですよ。

菊子 そうですかあ。それは、助かりますね。（そう言いながらも、やや不安そう。）

長女 お母さん、それはとてもいい話じゃない！（優しく、力強く話す。）

菊子 それは、そうねぇ。でもねぇ……。

CM 菊子さんがその人に会って話を聞いてみたいと思っているなら、私も同席しますよ。

菊子 そう、あなたも一緒にね。それならいいでしょう。いつ来るの？

CM 菊子さんは、いつがいいですか？

菊子 私は暇ですから、いつでもいいですよ。

CM その人たちも、いつでもいいって話していました。

菊子 そう、それなら助かるわ。

（ケアマネジャーの電話が鳴る。相手は根回しをしていたサービス提供事業者からである。）

CM はい、ケアマネジャーの○○です。あぁ、△△さん。はい、わかり

	ました。ちょうどよかったです。今、近くのお宅に訪問しています。もしよかったら、寄っていただけますか。大丈夫ですか。ありがとうございます。（電話を切る。）
CM	菊子さん、先ほど話していた人がちょうど近くに来ていたようです。寄ってもらえることになりました。
菊子	それは、よかった。お願いします。（緊張している表情はあるが、笑顔で返答。）

場面のポイント

　担当者会議開始前の雰囲気づくりのなかで、連絡して駆けつけたサービス提供事業者も加わり、お茶会という和やかな雰囲気で担当者会議が始まりました。

　担当者会議では、小規模デイサービス職員は、菊子さんにもわかりやすいように用意した写真付きの資料を見せながら、デイの様子を説明してくれました。特に菊子さんは、昼食の写真に関心を抱いたようです。家族が気にしていた入浴には目もくれませんでした。

　この様子を察した小規模デイサービスの職員は、菊子さんだけではなく家族も意識しながら「足浴」の説明をしてくれました。そして家族には、この「足浴」をきっかけに徐々に入浴になれていくことをさりげなく説明してくれたのです。このように視覚情報でわかりやすく伝えていくことも大切です。

　そして、和やかな雰囲気のなか、1時間程の担当者会議の結果、まずは小規模デイサービスを見学することになりました。

特定場面：担当者会議終了後の意思確認

（担当者会議後の菊子さんの様子と家族の気持ちを確認）

場面のポイント

　担当者会議では小規模デイサービスを利用してみるということになりましたが、菊子さんも家族もやや不安がある様子。そこで、菊子さんを連れて見学に行く日時を確認して、担当者会議を終えました。小規模デイサービス職員は、みんなに見送られて菊子さん宅を後にしました。

　ここからの担当者会議終了後のかかわりが重要です。ここでは、菊子さんが今の担当者会議を不快に思っていないか。そして、これから利用する小規模デイサービスについて家族の思いも確認し、会議中にサービス提供事業者が説明した内容に対して、誤解が生じていないかなどの確認をしていきます。

CM	菊子さん。お疲れ様でした。今日はお茶の時間にいろいろと話を聞いてくださって本当にありがとうございました。
菊子	いえいえ、自分のことですからねぇ。大丈夫ですよ。(ニコニコとしている。)
長女	そうねぇ。お母さん、よかったわよね。まだ、見ていないけど、楽しそうねぇ。見学が楽しみになったわ。(長男もうなずいている。)
CM	菊子さん。見学して「やっぱり、なんか嫌だなぁ」と思ったら相談してください。一緒に検討します。
菊子	そうねぇ。見てみないとわからないものねぇ。でも、まぁ何とかなるでしょう。(とても機嫌が良い。)
CM	ご長男さんからも、何か気になることはなかったですか?
長男	今日の段階では、特にありませんが……。(表情はいまひとつスッキリせず半信半疑。)
CM	気になりますかねぇ。(入浴のことをさりげなく話題に出す。)
長男	はぁ……。気になります。
CM	これまでのこともありますから、気になるのは当然だと思います。ただ、まずは楽しんで通ってくれることから、始めてみませんか?
CM	ねえ、菊子さん。楽しみができるといいですね。
菊子	そうよね。ありがたいね。(その様子を見ていた長男、長女に笑みが浮かんでいる。)
CM	まずは見学して、楽しんで通うところからにしましょう。
長女	そうよねぇ。お母さんもやる気だしねぇ。
CM	もし、見学して何か気になる点がありましたら、いつもでもお聞かせください。見学当日は私も立ち会います。
長男	そうですか。それはよかった。初めて見るところだからね。(長男の緊張した表情が柔らいだ瞬間だった。)

場面のポイント

　担当者会議が終わった後の利用者や家族へのフォローを丁寧にすることで、サービス利用への不安軽減や誤解を解消することも重要です。このような配慮あるケアマネジャーの対応は、利用者や家族との信頼関係を深める機会になります。

この事例のまとめ

　本事例では、担当者会議前の雰囲気づくりと担当者会議後の利用者や家族のフォローについて取り上げました。どうしても担当者会議を開催しなくてはならないということが主たる目的になってしまうと、誰が主体なのか見失うことになります。担当者会議において、何を確認し、何を決めていくのか、それは誰のためなのかを事前に家族やサービス提供事業者と打ち合わせをするなどして根回しし、確認をした上で開催することにより、より効果的なサービス利用のきっかけになるでしょう。このような事前準備や根回しという段取りは円滑で効果的な担当者会議にはとても大切になります。

つながる力が生み出す、生（活）きること支援

　私たちケアマネジャーは、利用者の生活支援を生業^{なりわい}としている専門職です。この役割を有効に活かしていくためには、相手（利用者）の理解を深めていくことが重要になります。利用者は、現在に至るまで、多くの経験や人とのつながりのなかで生活してきました。人生は、誰一人として同じものはなく、それぞれの貴重な出来事が紡^{つむ}がれて今に至っています。

　そのなかには、楽しく、充実した出来事もあれば、辛く悲しかった出来事もあるでしょう。たとえば、幼き頃父母につれられて、縁日に行ったときに小さな手まりを買ってもらい嬉しかったこと。友人たちと共にときめいた青春時代。成人し社会人として働き、世の中を支えてきた時代。そして、運命のパートナーと出会い新たな家族を育んできた時代。子育てを頑張り、やがてときが来て巣立っていく子どもの姿に、嬉しさと寂しさを感じた時代。感傷に浸るまもなく元気だった父母が病に伏せ、看病を続けながら自分たちの生活を切り盛りした時代。頑固だったお父さん。世話好きだったお母さん。そんな昔をなつかしみながら、いつかは両親を看取ります。その瞬間の切なさ。そんなとき、いつでもどんなときも、連れ添ってくれた夫（妻）の存在は、心強く有り難さを感じたことでしょう。ところが、その大切なパートナーとの別れも経験します。さぞかし、辛く言葉にならなかったことでしょう。けれども、成長した子どもたちはそんな自分に温かく寄り添ってくれるようになります。

　これらすべての出会いや別れを繰り返しながら、築き上げてきた一人ひとりの歴史には、かけがえのない想い出と共に大切な多くのつながりがあります。それは、要介護状態になってからも変わりありません。築いてきた歴史は、当然、私たち専門職にもあります。そしてそのなかで紡がれてきたつながりが、今の私たちを支えています。私たちケアマネジャーは、このような貴重な経験を積んできた利用者の今とこれからの生活に寄り添い、安心した生活をいとなんでいくことができるように応援していく専門職なのです。

　私たちが築いてきたつながりと、利用者のつながりが出会うことで、よ

逐語録でみるサービス担当者会議のポイント

リー層、充実したつながりの力が育まれるでしょう。人がより良く生（活）きていけるように、多くのつながりと出会う機会を創り、安寧な暮らしができるつながり、支え合いを育んでいきましょう。

資料

サービス担当者会議に
かかわる法令・通知等

CONTENTS

注：ケアマネジャーに関連する法令・通知のうち、サービス担当者会議にかかわるものを抜粋して掲載する。運営基準、算定基準等は、それぞれ解釈通知との対応表とするため、原文の一部を加工・修正して掲載する。

01 | 介護保険法、介護保険法施行規則

介護保険法（平成9年法律第123号）

第7条（定義）

5　この法律において「介護支援専門員」とは、要介護者又は要支援者（以下「要介護者等」という。）からの相談に応じ、及び要介護者等がその心身の状況等に応じ適切な居宅サービス、地域密着型サービス、施設サービス、介護予防サービス若しくは地域密着型介護予防サービス又は特定介護予防・日常生活支援総合事業（第百十五条の四十五第一項第一号イに規定する第一号訪問事業、同号ロに規定する第一号通所事業又は同号ハに規定する第一号生活支援事業をいう。以下同じ。）を利用できるよう市町村、居宅サービス事業を行う者、地域密着型サービス事業を行う者、介護保険施設、介護予防サービス事業を行う者、地域密着型介護予防サービス事業を行う者、特定介護予防・日常生活支援総合事業を行う者等との連絡調整等を行う者であって、要介護者等が自立した日常生活を営むのに必要な援助に関する専門的知識及び技術を有するものとして第六十九条の七第一項の介護支援専門員証の交付を受けたものをいう。

第69条の34（介護支援専門員の義務）

　介護支援専門員は、その担当する要介護者等の人格を尊重し、常に当該要介護者等の立場に立って、当該要介護者等に提供される居宅サービス、地域密着型サービス、施設サービス、介護予防サービス若しくは地域密着型介護予防サービス又は特定介護予防・日常生活支援総合事業が特定の種類又は特定の事業者若しくは施設に不当に偏ることのないよう、公正かつ誠実にその業務を行わなければならない。

2　介護支援専門員は、**厚生労働省令で定める基準**に従って、介護支援専門員の業務を行わなければならない。

3　介護支援専門員は、要介護者等が自立した日常生活を営むのに必要な援助に関する専門的知識及び技術の水準を向上させ、その他その資質の向上を図るよう努めなければならない。

法施行規則第113条の39

　法第69条の34第2項の厚生労働省令で定める基準は、**指定居宅介護支援等基準第12条**に定めるところによる。

運営基準：指定居宅介護支援等の事業の人員及び運営に関する基準
（平成11年厚生省令第38号）
運営基準の解釈通知：指定居宅介護支援等の事業の人員及び運営に関する基準について
（平成11年老企第22号）

運営基準	運営基準の解釈通知
第1章　趣旨及び基本方針 （基本方針） **第1条の2**　指定居宅介護支援の事業は、要介護状態となった場合においても、その利用者が可能な限りその居宅において、その有する能力に応じ自立した日常生活を営むことができるように配慮して行われるものでなければならない。 2　指定居宅介護支援の事業は、利用者の心身の状況、その置かれている環境等に応じて、利用者の選択に基づき、適切な保健医療サービス及び福祉サービスが、多様な事業者から、総合的かつ効率的に提供されるよう配慮して行われるものでなければならない。 3　指定居宅介護支援事業者（法第46条第1項に規定する指定居宅介護支援事業者をいう。以下同じ。）は、指定居宅介護支援の提供に当たっては、利用者の意思及び人格を尊重し、常に利用者の立場に立って、利用者に提供される指定居宅サービス等（法第8条第24項に規定する指定居宅サービス等をいう。以下同じ。）が特定の種類又は特定の居宅サービス事業者に不当に偏することのないよう、公正中立に行われなければならない。 4　指定居宅介護支援事業者は、事業の運営に当たっては、市町村（特別区を含む。以下同	**第二　指定居宅介護支援等の事業の人員及び運営に関する基準** **1　基本方針** 　介護保険制度においては、要介護者である利用者に対し、個々の解決すべき課題、その心身の状況や置かれている環境等に応じて保健・医療・福祉にわたる指定居宅サービス等が、多様なサービス提供主体により総合的かつ効率的に提供されるよう、居宅介護支援を保険給付の対象として位置づけたものであり、その重要性に鑑み、保険給付率についても特に10割としているところである。 　基準第1条の2第1項は、「在宅介護の重視」という介護保険制度の基本理念を実現するため、指定居宅介護支援の事業を行うに当たってのもっとも重要な基本方針として、利用者からの相談、依頼があった場合には、利用者自身の立場に立ち、常にまず、その居宅において日常生活を営むことができるように支援することができるかどうかという視点から検討を行い支援を行うべきことを定めたものである。 　このほか、指定居宅介護支援の事業の基本方針として、介護保険制度の基本理念である、高齢者自身によるサービスの選択、保健・医療・福祉サービスの総合的、効率的な提供、利用者本位、公正中立等を掲げている。介護保険の基本理念を実現する上で、指定居宅介護支

運営基準	運営基準の解釈通知
じ。)、法第105条の46第1項に規定する地域包括支援センター、老人福祉法（昭和38年法律第133号）第20条の7の2に規定する老人介護支援センター、他の指定居宅介護支援事業者、指定介護予防支援事業者（法第58条第1項に規定する指定介護予防支援事業者をいう。以下同じ。)、介護保険施設等との連携に努めなければならない。	援事業者が極めて重要な役割を果たすことを求めたものであり、指定居宅介護支援事業者は、常にこの基本方針を踏まえた事業運営を図らなければならない。

第3章　運営に関する基準
（内容及び手続の説明及び同意）

第4条　指定居宅介護支援事業者は、指定居宅介護支援の提供の開始に際し、あらかじめ、利用申込者又はその家族に対し、第18条に規定する運営規程の概要その他の利用申込者のサービスの選択に資すると認められる重要事項を記した文書を交付して説明を行い、当該提供の開始について利用申込者の同意を得なければならない。

2　指定居宅介護支援事業者は、指定居宅介護支援の提供の開始に際し、あらかじめ、居宅サービス計画が第1条の2に規定する基本方針及び利用者の希望に基づき作成されるものであること等につき説明を行い、理解を得なければならない。（以下略）

3　運営に関する基準
（1）内容及び手続きの説明及び同意

　基準第四条は、基本理念としての高齢者自身によるサービス選択を具体化したものである。利用者は指定居宅サービスのみならず、指定居宅介護支援事業者についても自由に選択できることが基本であり、指定居宅介護支援事業者は、利用申込があった場合には、あらかじめ、当該利用申込者又はその家族に対し、当該指定居宅介護支援事業所の運営規程の概要、介護支援専門員の勤務の体制、秘密の保持、事故発生時の対応、苦情処理の体制等の利用申込者がサービスを選択するために必要な重要事項を説明書やパンフレット等の文書を交付して説明を行い、当該指定居宅介護支援事業所から居宅介護支援を受けることにつき同意を得なければならないこととしたものである。なお、当該同意については、利用者及び指定居宅介護支援事業者双方の保護の立場から書面によって確認することが望ましいものである。

　また、指定居宅介護支援は、利用者の意思及び人格を尊重し、常に利用者の立場に立って行われるものであり、居宅サービス計画は基準第1条の2の基本方針及び利用者の希望に基づき作成されるものである。このため、指定居宅介護支援について利用者の主体的な参加が重要であることにつき十分説明を行い、理解を得なければならない。

運営基準	運営基準の解釈通知

（指定居宅介護支援の基本取扱方針）

第12条 指定居宅介護支援は、要介護状態の軽減又は悪化の防止に資するよう行われるとともに、医療サービスとの連携に十分配慮して行われなければならない。

2 指定居宅介護支援事業者は、自らその提供する指定居宅介護支援の質の評価を行い、常にその改善を図らなければならない。

（7） 指定居宅介護支援の基本取扱方針及び具体的取扱方針

（指定居宅介護支援の具体的取扱方針）

第13条 指定居宅介護支援の方針は、第1条の2に規定する基本方針及び前条に規定する基本取扱方針に基づき、次に掲げるところによるものとする。

基準第13条は、利用者の課題分析、サービス担当者会議の開催、居宅サービス計画の作成、居宅サービス計画の実施状況の把握などの居宅介護支援を構成する一連の業務のあり方及び当該業務を行う介護支援専門員の責務を明らかにしたものである。

なお、利用者の課題分析（第6号）から担当者に対する個別サービス計画の提出依頼（第12号）に掲げる一連の業務については、基準第1条の2に掲げる基本方針を達成するために必要となる業務を列記したものであり、基本的にはこのプロセスに応じて進めるべきものであるが、緊急的なサービス利用等やむを得ない場合や、効果的・効率的に行うことを前提とするものであれば、業務の順序について拘束するものではない。ただし、その場合にあっても、それぞれ位置付けられた個々の業務は、事後的に可及的速やかに実施し、その結果に基づいて必要に応じて居宅サービス計画を見直すなど、適切に対応しなければならない。

❶介護支援専門員による居宅サービス計画の作成（基準第13条第一号）

指定居宅介護支援事業所の管理者は、居宅サービス計画の作成に関する業務の主要な過程を介護支援専門員に担当させることとしたものである。

一 指定居宅介護支援事業所の管理者は、介護支援専門員に居宅サービス計画の作成に関する業務を担当させるものとする。

運営基準	運営基準の解釈通知

二　指定居宅介護支援の提供に当たっては、懇切丁寧に行うことを旨とし、利用者又はその家族に対し、サービスの提供方法等について、理解しやすいように説明を行う。

❷指定居宅介護支援の基本的留意点（第二号）

　指定居宅介護支援は、利用者及びその家族の主体的な参加及び自らの課題解決に向けての意欲の醸成と相まって行われることが重要である。このためには、指定居宅介護支援について利用者及びその家族の十分な理解が求められるものであり、介護支援専門員は、指定居宅介護支援を懇切丁寧に行うことを旨とし、サービスの提供方法等について理解しやすいように説明を行うことが肝要である。

三　介護支援専門員は、居宅サービス計画の作成に当たっては、利用者の自立した日常生活の支援を効果的に行うため、利用者の心身又は家族の状況等に応じ、継続的かつ計画的に指定居宅サービス等の利用が行われるようにしなければならない。

❸継続的かつ計画的な指定居宅サービス等の利用（第三号）

　利用者の自立した日常生活の支援を効果的に行うためには、利用者の心身又は家族の状態等に応じて、継続的かつ計画的に居宅サービスが提供されることが重要である。介護支援専門員は、居宅サービス計画の作成又は変更に当たり、継続的な支援という観点に立ち、計画的に指定居宅サービス等の提供が行われるようにすることが必要であり、支給限度額の枠があることのみをもって、特定の時期に偏って継続が困難な、また必要性に乏しい居宅サービスの利用を助長するようなことがあってはならない。

四　介護支援専門員は、居宅サービス計画の作成に当たっては、利用者の日常生活全般を支援する観点から、介護給付等対象サービス（法第24条第2項に規定する介護給付等対象サービスをいう。以下同じ。）以外の保健医療サービス又は福祉サービス、当該地域の住民による自発的な活動によるサービス等の利用も含めて居宅サービス計画上に位置付けるよう努めなければならない。

❹総合的な居宅サービス計画の作成（第四号）

　居宅サービス計画は、利用者の日常生活全般を支援する観点に立って作成されることが重要である。このため、居宅サービス計画の作成又は変更に当たっては、利用者の希望や課題分析の結果に基づき、介護給付等対象サービス以外の、例えば、市町村保健師等が居宅を訪問して行う指導等の保健サービス、老人介護支援センターにおける相談援助及び市町村が一般施策として行う配食サービス、寝具乾燥サービスや当該地域の住民による見守り、配食、会食などの自発的な活動によるサービス等、更には、こうしたサービスと併せて提供される精神科訪

運営基準	運営基準の解釈通知

問看護等の医療サービス、はり師・きゅう師による施術、保健師・看護師・柔道整復師・あん摩マッサージ指圧師による機能訓練なども含めて居宅サービス計画に位置付けることにより総合的な計画となるよう努めなければならない。

　なお、介護支援専門員は、当該日常生活全般を支援する上で、利用者の希望や課題分析の結果を踏まえ、地域で不足していると認められるサービス等については、介護給付等対象サービスであるかどうかを問わず、当該不足していると思われるサービス等が地域において提供されるよう関係機関等に働きかけていくことが望ましい。

運営基準	運営基準の解釈通知

九　介護支援専門員は、サービス担当者会議（介護支援専門員が居宅サービス計画の作成のために、利用者及びその家族の参加を基本としつつ、居宅サービス計画の原案に位置付けた指定居宅サービス等の担当者(以下この条において「担当者」という。)を召集して行う会議をいう。以下同じ。)の開催により、利用者の状況等に関する情報を担当者と共有するとともに、当該居宅サービス計画の原案の内容について、担当者から、専門的な見地からの意見を求めるものとする。ただし、やむを得ない理由がある場合については、担当者に対する照会等により意見を求めることができるものとする。

❾サービス担当者会議等による専門的意見の聴取（第九号）

　介護支援専門員は、効果的かつ実現可能な質の高い居宅サービス計画とするため、各サービスが共通の目標を達成するために具体的なサービスの内容として何ができるかなどについて、利用者やその家族、居宅サービス計画原案に位置付けた指定居宅サービス等の担当者からなるサービス担当者会議の開催により、利用者の状況等に関する情報を当該担当者等と共有するとともに、専門的な見地からの意見を求め調整を図ることが重要である。なお、利用者やその家族の参加が望ましくない場合（家庭内暴力等）には、必ずしも参加を求めるものではないことに留意されたい。また、やむを得ない理由がある場合については、サービス担当者に対する照会等により意見を求めることができるものとしているが、この場合にも、緊密に相互の情報交換を行うことにより、利用者の状況等についての情報や居宅サービス計画原案の内容を共有できるようにする必要がある。なお、ここでいうやむを得ない理由がある場合とは、開催の日程調整を行ったが、サービス担当者の事由により、サービス担当者会議への参加が得られなかった場合、

居宅サービス計画の変更であって、利用者の状態に大きな変化が見られない等における軽微な変更の場合等が想定される。

なお、当該サービス担当者会議の要点又は当該担当者への照会内容について記録するとともに、基準第29条の第2項の規定に基づき、当該記録は、2年間保存しなければならない。

十三　介護支援専門員は、居宅サービス計画の作成後、居宅サービス計画の実施状況の把握（利用者についての継続的なアセスメントを含む。）を行い、必要に応じて居宅サービス計画の変更、指定居宅サービス事業者等との連絡調整その他の便宜の提供を行うものとする。

⓭居宅サービス計画の実施状況等の把握及び評価等（第十三号）

指定居宅介護支援においては、利用者の有する解決すべき課題に即した適切なサービスを組み合わせて利用者に提供し続けることが重要である。このために介護支援専門員は、利用者の解決すべき課題の変化に留意することが重要であり、居宅サービス計画の作成後、居宅サービス計画の実施状況の把握（利用者についての継続的なアセスメントを含む。以下「モニタリング」という。）を行い、利用者の解決すべき課題の変化が認められる場合等必要に応じて居宅サービス計画の変更、指定居宅サービス事業者等との連絡調整その他の便宜の提供を行うものとする。

なお、利用者の解決すべき課題の変化は、利用者に直接サービスを提供する指定居宅サービス事業者等により把握されることも多いことから、介護支援専門員は、当該指定居宅サービス事業者等のサービス担当者と緊密な連携を図り、利用者の解決すべき課題の変化が認められる場合には、円滑に連絡が行われる体制の整備に努めなければならない。

十四　介護支援専門員は、前号に規定する実施状況の把握（以下「モニタリング」という。）に当たっては、利用者及びその家族、指定居宅サービス事業者等との連絡を継続的に行うこととし、特段の事情のない限り、次に定めるところにより行わなければならない。

⓮モニタリングの実施（第十四号）

介護支援専門員は、モニタリングに当たっては、居宅サービス計画の作成後においても、利用者及びその家族、主治の医師、指定居宅サービス事業者等との連絡を継続的に行うこととし、当該指定居宅サービス事業者等の担当者との連携により、モニタリングが行われている場

運営基準	運営基準の解釈通知

イ　少なくとも1月に1回、利用者の居
　宅を訪問し、利用者に面接すること。
ロ　少なくとも1月に1回、モニタリン
　グの結果を記録すること。

合においても、特段の事情のない限り、少なく
とも1月に1回は利用者の居宅で面接を行い、か
つ、少なくとも1月に1回はモニタリングの結果を
記録することが必要である。

　また、「特段の事情」とは、利用者の事情に
より、利用者の居宅を訪問し、利用者に面接す
ることができない場合を主として指すものであり、
介護支援専門員に起因する事情は含まれない。

　さらに、当該特段の事情がある場合について
は、その具体的な内容を記録しておくことが必
要である。

　なお、基準第29条第2項の規定に基づき、モ
ニタリングの結果の記録は、2年間保存しなけれ
ばならない。

十五　介護支援専門員は、次に掲げる場
　合においては、サービス担当者会議の
　開催により、居宅サービス計画の変更
　の必要性について、担当者から、専門
　的な見地からの意見を求めるものとす
　る。ただし、やむを得ない理由がある
　場合については、担当者に対する照会
　等により意見を求めることができるも
　のとする。
イ　要介護認定を受けている利用者が
　法第28条第2項に規定する要介護更新
　認定を受けた場合
ロ　要介護認定を受けている利用者が
　法第29条第1項に規定する要介護状態
　区分の変更の認定を受けた場合

**⓯居宅サービス計画の変更の必要性について
のサービス担当者会議等による専門的意見の
聴取（第十五号）**

　介護支援専門員は、利用者が要介護状態区
分の変更の認定を受けた場合など本号に掲げる
場合には、サービス担当者会議の開催により、
居宅サービス計画の変更の必要性について、担
当者から、専門的な見地からの意見を求めるも
のとする。ただし、やむを得ない理由がある場
合については、サービス担当者に対する照会等
により意見を求めることができるものとする。な
お、ここでいうやむを得ない理由がある場合とは、
開催の日程調整を行ったが、サービス担当者の
事由により、サービス担当者会議への参加が得
られなかった場合や居宅サービス計画の変更か
ら間もない場合で利用者の状態に大きな変化が
見られない場合等が想定される。

　当該サービス担当者会議の要点又は当該担
当者への照会内容については記録するとともに、
基準第29条第2項の規定に基づき、当該記録は、
2年間保存しなければならない。

　また、前記の担当者からの意見により、居宅
サービス計画の変更の必要がない場合において

運営基準	運営基準の解釈通知

も、記録の記載及び保存について同様である。

十六　第三号から第十二号までの規定は、第十三号に規定する居宅サービス計画の変更について準用する。

⓰居宅サービス計画の変更（第十六号）

　介護支援専門員は、居宅サービス計画を変更する際には、原則として、基準第13条第三号から第十二号までに規定された居宅サービス計画作成に当たっての一連の業務を行うことが必要である。

　なお、利用者の希望による軽微な変更（例えばサービス提供日時の変更等で、介護支援専門員が基準第13条第三号から第十二号までに掲げる一連の業務を行う必要性がないと判断したもの）を行う場合には、この必要はないものとする。ただし、この場合においても、介護支援専門員が、利用者の解決すべき課題の変化に留意することが重要であることは、同条第十三号（⓭居宅サービス計画の実施状況等の把握及び評価等）に規定したとおりであるので念のため申し添える。

十七　介護支援専門員は、適切な保健医療サービス及び福祉サービスが総合的かつ効率的に提供された場合においても、利用者がその居宅において日常生活を営むことが困難となったと認める場合又は利用者が介護保険施設への入院又は入所を希望する場合には、介護保険施設への紹介その他の便宜の提供を行うものとする。

⓱介護保険施設への紹介その他の便宜の提供（第十七号）

　介護支援専門員は、適切な保健医療サービス及び福祉サービスが総合的かつ効率的に提供された場合においても、利用者がその居宅において日常生活を営むことが困難となったと認める場合又は利用者が介護保険施設への入院又は入所を希望する場合には、介護保険施設はそれぞれ医療機能等が異なることに鑑み、主治医の意見を参考にする、主治医に意見を求める等をして介護保険施設への紹介その他の便宜の提供を行うものとする。

十九　介護支援専門員は、利用者が訪問看護、通所リハビリテーション等の医療サービスの利用を希望している場合その他必要な場合には、利用者の同意を得て主治の医師又は歯科医師（以下「主治の医師等」という。）の意見を求めなければならない。

⓳主治の医師等の意見等（第十九号・第二十号）

　訪問看護、訪問リハビリテーション、通所リハビリテーション、居宅療養管理指導、短期入所療養介護、定期巡回・随時対応型訪問介護看護（訪問看護サービスを利用する場合に限る。）及び

運営基準	運営基準の解釈通知

二十　介護支援専門員は、居宅サービス計画に訪問看護、通所リハビリテーション等の医療サービスを位置付ける場合にあっては、当該医療サービスに係る主治の医師等の指示がある場合に限りこれを行うものとし、医療サービス以外の指定居宅サービス等を位置付ける場合にあっては、当該指定居宅サービス等に係る主治の医師等の医学的観点からの留意事項が示されているときは、当該留意点を尊重してこれを行うものとする。

看護小規模多機能型居宅介護（訪問看護サービスを利用する場合に限る。）については、主治の医師又は歯科医師（以下「主治の医師等」という。）等がその必要性を認めたものに限られるものであることから、介護支援専門員は、これらの医療サービスを居宅サービス計画に位置付ける場合にあっては主治の医師等の指示があることを確認しなければならない。

このため、利用者がこれらの医療サービスを希望している場合その他必要な場合には、介護支援専門員は、あらかじめ、利用者の同意を得て主治の医師等の意見を求めなければならない。

なお、医療サービス以外の指定居宅サービス等を居宅サービス計画に位置付ける場合にあって、当該指定居宅サービス等に係る主治の医師等の医学的観点からの留意事項が示されているときは、介護支援専門員は、当該留意点を尊重して居宅介護支援を行うものとする。

二十二　介護支援専門員は、居宅サービス計画に福祉用具貸与を位置付ける場合にあっては、その利用の妥当性を検討し、当該計画に福祉用具貸与が必要な理由を記載するとともに、必要に応じて随時サービス担当者会議を開催し、継続して福祉用具貸与を受ける必要性について検証をした上で、継続して福祉用具貸与を受ける必要がある場合にはその理由を居宅サービス計画に記載しなければならない。

❷福祉用具貸与及び特定福祉用具販売の居宅サービス計画への反映（第二十二号・第二十三号）

福祉用具貸与及び特定福祉用具販売については、その特性と利用者の心身の状況等を踏まえて、その必要性を十分に検討せずに選定した場合、利用者の自立支援は大きく阻害されるおそれがあることから、検討の過程を別途記録する必要がある。

二十三　介護支援専門員は、居宅サービス計画に特定福祉用具販売を位置付ける場合にあっては、その利用の妥当性を検討し、当該計画に特定福祉用具販売が必要な理由を記載しなければならない。

このため、介護支援専門員は、居宅サービス計画に福祉用具貸与及び特定福祉用具販売を位置付ける場合には、サービス担当者会議を開催し、当該計画に福祉用具貸与及び特定福祉用具販売が必要な理由を記載しなければならない。

なお、福祉用具貸与については、居宅サービス計画作成後必要に応じて随時サービス担当者会議を開催して、利用者が継続して福祉用具貸与を受ける必要性について専門的意見を聴取

運営基準	運営基準の解釈通知

するとともに検証し、継続して福祉用具貸与を
受ける必要がある場合には、その理由を再び居
宅サービス計画に記載しなければならない。

　また、福祉用具貸与については以下の項目に
ついて留意することとする。

　ア　介護支援専門員は、要介護Iの利用者
（以下「軽度者」という。）の居宅サービス計画
に指定福祉用具貸与を位置付ける場合に
は、「厚生労働大臣が定める基準に適合す
る利用者等」（平成27年厚生労働省告示第94号）
第三十一号のイで定める状態像の者である
ことを確認するため、当該軽度者の「要介
護認定等基準時間の推計の方法」（平成12
年厚生省告示第91号）別表第Iの調査票につ
いて必要な部分（実施日時、調査対象者等の時点
の確認及び本人確認ができる部分並びに基本調査の
回答で当該軽度者の状態像の確認が必要な部分）の
写し（以下「調査票の写し」という。）を市町村か
ら入手しなければならない。

　　ただし、当該軽度者がこれらの結果を
介護支援専門員へ提示することに、あらか
じめ同意していない場合については、当該
軽度者の調査票の写しを本人に情報開示
させ、それを入手しなければならない。

　イ　介護支援専門員は、当該軽度者の調査
票の写しを指定福祉用具貸与事業者へ提
示することに同意を得たうえで、市町村より
入手した調査票の写しについて、その内容
が確認できる文書を指定福祉用具貸与事
業者へ送付しなければならない。

　ウ　介護支援専門員は、当該軽度者が「指
定居宅サービスに要する費用の額の算定に
関する基準（訪問通所サービス、居宅療養管理指
導及び福祉用具貸与に係る部分）及び指定居宅
介護支援に要する費用の額の算定に関す
る基準の制定に伴う実施上の留意事項に
ついて」（平成12年老企第36号）の第二の9（2）
❶ウの判断方法による場合については、福

運営基準	運営基準の解釈通知
	祉用具の必要性を判断するため、利用者の状態像が、同 i ）から iii ）までのいずれかに該当する旨について、主治医意見書による方法のほか、医師の診断書又は医師から所見を聴取する方法により、当該医師の所見及び医師の名前を居宅サービス計画に記載しなければならない。この場合において、介護支援専門員は、指定福祉用具貸与事業者より、当該軽度者に係る医師の所見及び医師の名前について確認があったときには、利用者の同意を得て、適切にその内容について情報提供しなければならない。

（運営規程）

第18条　指定居宅介護支援事業者は、指定居宅介護支援事業所ごとに、次に掲げる事業の運営についての重要事項に関する規程（以下「運営規程」という。）として次に掲げる事項を定めるものとする。

一　事業の目的及び運営の方針

二　職員の職種、員数及び職務内容

三　営業日及び営業時間

四　指定居宅介護支援の提供方法、内容及び利用料その他の費用の額

五　通常の事業の実施地域

六　その他運営に関する重要事項

（11）運営規程

　基準第18条は、指定居宅介護支援の事業の適正な運営及び利用者等に対する適切な指定居宅介護支援の提供を確保するため、同条第一号から第六号までに掲げる事項を内容とする規定を定めることを指定居宅介護支援事業所ごとに義務づけたものである。特に次の点に留意する必要がある。

❶職員の職種、員数及び職務内容（第二号）

　職員については、介護支援専門員とその他の職員に区分し、員数及び職務内容を記載することとする。

❷指定居宅介護支援の提供方法、内容及び利用料その他の費用の額（第四号）

　指定居宅介護支援の提供方法及び内容については、利用者の相談を受ける場所、課題分析の手順等を記載するものとする。

❸通常の事業の実施地域（第五号）

　通常の事業の実施地域は、客観的にその区域が特定されるものとすること。なお、通常の事業の実施地域は、利用申込に係る調整等の観点からの目安であり、当該地域を越えて指定居宅介護支援が行われることを妨げるものではない。

（秘密保持）

第23条 指定居宅介護支援事業所の介護支援専門員その他の従業者は、正当な理由がなく、その業務上知り得た利用者又はその家族の秘密を漏らしてはならない。

2 指定居宅介護支援事業者は、介護支援専門員その他の従業者であった者が、正当な理由がなく、その業務上知り得た利用者又はその家族の秘密を漏らすことのないよう、必要な措置を講じなければならない。

3 指定居宅介護支援事業者は、サービス担当者会議等において、利用者の個人情報を用いる場合は利用者の同意を、利用者の家族の個人情報を用いる場合は当該家族の同意を、あらかじめ文書により得ておかなければならない。

（15）秘密保持

❶基準第23条第1項は、指定居宅介護支援事業所の介護支援専門員その他の従業者に、その業務上知り得た利用者又はその家族の秘密の保持を義務づけたものである。

❷同条第2項は、指定居宅介護支援事業者に対して、過去に当該指定居宅介護支援事業所の介護支援専門員その他の従業者であった者が、その業務上知り得た利用者又はその家族の秘密を漏らすことがないよう必要な措置を取ることを義務づけたものであり、具体的には、指定居宅介護支援事業者は、当該指定居宅介護支援事業所の介護支援専門員その他の従業者が、従業者でなくなった後においてもこれらの秘密を保持すべき旨を、従業者の雇用時に取り決め、例えば違約金についての定めを置くなどの措置を講ずべきこととするものである。

❸同条第3項は、介護支援専門員及び居宅サービス計画に位置付けた各居宅サービスの担当者が課題分析情報等を通じて利用者の有する問題点や解決すべき課題等の個人情報を共有するためには、あらかじめ、文書により利用者及びその家族から同意を得る必要があることを規定したものであるが、この同意については、指定居宅介護支援事業者が、指定居宅介護支援開始時に、利用者及びその家族の代表から、連携するサービス担当者間で個人情報を用いることについて包括的に同意を得ることで足りるものである。

（記録の整備）

第29条 指定居宅介護支援事業者は、従業者、設備、備品及び会計に関する諸記録を整備しておかなければならない。

2 指定居宅介護支援事業者は、利用者に対する指定居宅介護支援の提供に関する次の各

（17）苦情処理

❷（前略）なお、基準第29条第2項の規定に基づき、苦情の内容等の記録は、2年間保存しなければならない。

号に掲げる記録を整備し、その完結の日から2年間保存しなければならない。

一　第13条第十三号に規定する指定居宅サービス事業者等との連絡調整に関する記録

二　個々の利用者ごとに次に掲げる事項を記載した居宅介護支援台帳

　　イ　居宅サービス計画

　　ロ　第13条第七号に規定するアセスメントの結果の記録

　　ハ　第13条第九号に規定するサービス担当者会議等の記録

　　ニ　第13条第十四号に規定するモニタリングの結果の記録

三　第13条に規定する市町村への通知に係る記録

四　第26条第2項に規定する苦情の内容等の記録

五　第27条第2項に規定する事故の状況及び事故に際して採った処置についての記録

03 算定基準、定める基準及び算定基準の解釈通知の抜粋対応表

算定基準：指定居宅介護支援に要する費用の額の算定に関する基準
（平成12年厚生省告示第20号）
定める基準：厚生労働大臣が定める基準（平成27年厚生労働省告示第95号）
算定基準の解釈通知：指定居宅サービスに要する費用の額の算定に関する基準（訪問通所
サービス、居宅療養管理指導及び福祉用具貸与に係る部分）及び指定居宅介護支援に要す
る費用の額の算定に関する基準の制定に伴う実施上の留意事項について
（平成12年老企第36号）

算定基準	算定基準の解釈通知
指定居宅介護支援介護給付費単位数表 居宅介護支援費 注2 別に厚生労働大臣が定める基準に該当する場合には、運営基準減算として、所定単位数の100分の50に相当する単位数を算定する。また、運営基準減算が2月以上継続している場合は、所定単位数は算定しない。 **※定める基準** 八十二　居宅介護支援費における運営基準減算の基準 　指定居宅介護支援等の事業の人員及び運営に関する基準第十三条第七号、第九号から第十一号まで、第十四号及び第十五号（これらの規定を同条十六号において準用する場合を含む。）に定める規定に適合していないこと。	第三　居宅介護支援費に関する事項 6　居宅介護支援の業務が適切に行われない場合 　注2の「別に厚生労働大臣が定める基準に該当する場合」については、大臣基準告示第八十二号に規定することとしたところであるが、より具体的には次のいずれかに該当する場合に減算される。 　これは適正なサービスの提供を確保するためのものであり、運営基準に係る規定を遵守するよう努めるものとする。都道府県知事は、当該規定を遵守しない事業所に対しては、遵守するよう指導すること。当該指導に従わない場合には、特別な事情がある場合を除き、指定の取消しを検討するものとする。 （1）居宅サービス計画の新規作成及びその変更に当たっては、次の場合に減算されるものであること。 ❶当該事業所の介護支援専門員が、利用者の居宅を訪問し、利用者及びその家族に面接していない場合には、当該居宅サービス計画に係る月（以下「当該月」という。）から当該状態が解消されるに至った月の前月まで減算する。

算定基準	算定基準の解釈通知
	❷当該事業所の介護支援専門員が、サービス担当者会議の開催等を行っていない場合（やむを得ない事情がある場合を除く。以下同じ。）には、当該月から当該状態が解消されるに至った月の前月まで減算する。

❸当該事業所の介護支援専門員が、居宅サービス計画の原案の内容について利用者又はその家族に対して説明し、文書により利用者の同意を得た上で、居宅サービス計画を利用者及び担当者に交付していない場合には、当該月から当該状態が解消されるに至った月の前月まで減算する。

（2）次に掲げる場合においては、当該事業所の介護支援専門員が、サービス担当者会議等を行っていないときには、当該月から当該状態が解消されるに至った月の前月まで減算する。

❶居宅サービス計画を新規に作成した場合

❷要介護認定を受けている利用者が要介護更新認定を受けた場合

❸要介護認定を受けている利用者が要介護状態区分の変更の認定を受けた場合

（3）居宅サービス計画の作成後、居宅サービス計画の実施状況の把握（以下「モニタリング」という。）に当たっては、次の場合に減算されるものであること。

❶当該事業所の介護支援専門員が一月に利用者の居宅を訪問し、利用者に面接していない場合には、特段の事情のない限り、その月から当該状態が解消されるに至った月の前月まで減算する。

❷当該事業所の介護支援専門員がモニタリングの結果を記録していない状態が一月以上継続する場合には、特段の事情のない限り、その月から当該状態が解消されるに至った月の前月まで減算する。

04 | 見直し通知
別添：居宅介護支援・介護予防支援・サービス担当者会議・介護支援専門員関係

見直し通知：「介護保険制度に係る書類・事務手続きの見直し」に関するご意見への対応について
（平成22年老企発0730第1号・老高発0730第1号・老振発0730第1号・老老発0730第1号）

1 居宅介護支援
（2）居宅サービス計画書の更新の時期の明確化について

居宅サービス計画書の更新（変更）については、「指定居宅介護支援等の事業の人員及び運営に関する基準について」（平成11年7月29日老企22厚生労働省老人保健福祉局企画課、以下「基準の解釈通知」という。）の「第二 指定居宅介護支援等の事業の人員及び運営に関する基準」の「3 運営に関する基準」において、①モニタリングを行い、利用者の解決すべき課題の変化が認められる場合等に応じて居宅サービスを変更（⑫居宅サービス計画の実施状況等の把握及び評価等）、②介護支援専門員は、利用者が要介護状態区分の変更の認定を受けた場合など本号に掲げる場合（※）には、サービス担当者会議の開催により、居宅サービス計画の変更の必要性について、担当者から、専門的な見地からの意見を求めるものとする（⑭居宅サービス計画の変更の必要性についてのサービス担当者会議等による専門的意見の聴取）と規定しているところである。

したがって、指定居宅介護支援等の事業の人員及び運営に関する基準（平成11年3月31日厚令38、以下「基準」という。）において、モニタリングにより利用者の状態（解決すべき課題）に変化が認められる場合や、要介護認定の更新時において、居宅サービス計画書の更新（変更）を求めているところであり、これを周知徹底したい。

※基準第13条14（以下、略）

「家族旅行」などで、ショートステイを利用する際のサービス担当者会議とモニタリングの取扱について
（会議とモニタリングを同時に行うことができるか否かについて）

指定居宅介護支援等の事業の人員及び運営に関する基準（平成11年3月31日厚令38）の第13条に掲げるケアマネジメントの一連のプロセスについては、第1条に掲げる基本方針を達成するために必要となる業務を列挙しているものであり、基本的にはこのプロセスに応じて進めていくことが必要となる。

しかしながら、より効果的・効率的な支援を実施することが

可能な場合は、必ずしも同基準に掲げるプロセスの順序に固執するものではなく、例えば、困難事例への対応に関して、関係機関が集まって、それぞれの機関が把握している情報を共有し、まずは現状の評価を行うという場合について、サービス担当者会議とモニタリングを同時に行うことも考えられる。

4　ケアプランの軽微な変更の内容について（サービス担当者会議）	基準の解釈通知のとおり、「軽微な変更」に該当するものであれば、例えばサービス担当者会議の開催など、必ずしも実施しなければならないものではない。 　しかしながら、例えば、ケアマネジャーがサービス担当者会議へ周知した方が良いと判断されるような場合などについて、サービス担当者会議を開催することを制限するものではなく、その開催にあたっては、基準の解釈通知に定めているように、やむを得ない理由がある場合として照会等により意見を求めることが想定される。
サービス利用回数の増減によるサービス担当者会議の必要性	単なるサービス利用回数の増減（同一事業所における週1回程度のサービス利用回数の増減など）については、「軽微な変更」に該当する場合もあるものと考えられ、サービス担当者会議の開催など、必ずしも実施しなければならないものではない。 　しかしながら、例えば、ケアマネジャーがサービス事業所へ周知した方が良いと判断されるような場合などについて、サービス担当者会議を開催することを制限するものではなく、その開催にあたっては、基準の解釈通知に定めているように、やむを得ない理由がある場合として照会等により意見を求めることが想定される。
ケアプランの軽微な変更に関するサービス担当者会議の全事業所召集の必要性	ケアプランの「軽微な変更」に該当するものであれば、サービス担当者会議の開催など、必ずしも実施しなければならないものではない。 　ただし、サービス担当者会議を開催する必要がある場合には、必ずしもケアプランに関わるすべての事業所を招集する必要はなく、基準の解釈通知に定めているように、やむを得ない理由がある場合として照会等により意見を求めることが想定される。

著者紹介

永島 徹
ながしま・とおる

ＮＰＯ法人風の詩　理事長
認知症単独型通所介護デイホーム風のさんぽ道　施設長
居宅介護支援事業所ケアプランセンター南風　所長
社会福祉士事務所風のささやき　代表

社会福祉士・主任介護支援専門員・認知症ケア専門士

2003年に設立したNPO法人風の詩を拠点に、心ある仲間たちと、誰もが安心して生活を営むことができる支え合いの地域を目指して、人々との「つながり（連携）」を活かしていくソーシャルワーク実践を行っている。行政のモデル事業などの地域福祉に関するアドバイザーや、大学などの非常勤講師として、ソーシャルワーク実践者の育成にも積極的にかかわっている。主な著書に『必察！認知症ケア 思いを察することからはじまる生活ること支援』『必察！認知症ケア2　実践編生活ること支援に必要な5つの対人力』（ともに中央法規出版）がある。

だいじをギュッと！
ケアマネ実践力シリーズ

サービス担当者会議
開催のポイントとすすめ方のコツ

2017年12月20日　発行

著　者　　永島　徹

発行者　　荘村明彦
発行所　　中央法規出版株式会社
　　　　　〒110-0016
　　　　　東京都台東区台東3-29-1 中央法規ビル
　　　　　営　業　TEL 03-3834-5817
　　　　　　　　　FAX 03-3837-8037
　　　　　書店窓口　TEL 03-3834-5815
　　　　　　　　　FAX 03-3837-8035
　　　　　編　集　TEL 03-3834-5812
　　　　　　　　　FAX 03-3837-8032
　　　　　　　　　https://www.chuohoki.co.jp/

装幀・本文デザイン　　　相馬敬徳（Rafters）
装幀・本文イラスト　　　三木謙次
本文イラスト　　　　　　藤田侑巳
DTP　株式会社ジャパンマテリアル
印刷・製本　新津印刷株式会社
ISBN 978-4-8058-5609-3